Sanfte Heilpraxis

Dr. Jürg Reinhard

Sanfte Heilpraxis

mit selbstgemachten Medikamenten

Hallwag Verlag Bern und Stuttgart

Umschlagbild und ganzseitige Zeichnungen:
Jürg Reinhard
Vignetten:
Remo Lorenzini
Schutzumschlag und Gestaltung:
Robert Buchmüller
Redaktion:
Kurt Weibel
Lektorat: Urs Aregger

4., erweiterte Auflage, 2000

Satz und Fotolithos: Utesch GmbH, Hamburg
Druck und Bindung: Kösel GmbH & Co., Kempten im Allgäu
ISBN 3-444-10585-1

Hallwag

Inhalt

7

DIE GRUNDLAGEN

8

Das Bild des Menschen
Gedanken zum Gesundsein

Würde es im Leben ausschließlich darum gehen, körperliche Gesundheit anzustreben, alles zu tun, um gesund zu bleiben, gesund zu essen, gesundmachende Körperpflege zu treiben, so würden wir zur gegebenen Stunde einen gesunden Körper ins Grab legen und uns fragen: Für was all diese Bemühungen? Wir kommen nicht darum herum, den Sinn des Lebens in etwas zu sehen, was das rein Körperliche übersteigt, was einen Sinn, auf weitere Zeiträume hinaus betrachtet, ergibt. Würde es im Leben um nichts anderes gehen, als zu gehorchen und den ewigen Gesetzen des Kosmos zu folgen, dann würde ich mich hinsetzen, zurück zu den Göttern wollen und sie bitten, mich mit allem Irdischen zu verschonen. Kann so etwas der Grund unseres Lebens auf der Erde sein? Jetzt passen Sie gut auf und lassen Sie sich nicht gleich von der folgenden Fragestellung schocken, es steckt alles andere als Überheblichkeit dahinter! Kann dies der Grund sein dafür, daß der Mensch auf einer früheren, noch kosmischen Daseinsstufe die Erde aus sich ausgeschieden hat? Ja, Sie haben richtig gelesen! Sie wissen, das Huhn scheidet ein Ei aus und kommt dann im ausgeschiedenen Ei zum Leben. Der kosmische Mensch scheidet die Naturreiche aus und kommt dann mit einem kleinen Teil seines Geistes darauf zum Leben! Außer der Größenordnung ist beides gar nicht so sehr verschieden. Was ist das Ei für das Huhn? Es ist die ganze Welt mit ihren Salzen, den physischen Stoffen, mit Wasser und den Flüssigkeiten, mit Eiweiß und Luft, mit den Fetten als Wärmeelement. Dazu kommt, daß beim Bebrüten die Wärme von außen zugeführt wird, wie bei der Erde die Sonne wärmende Kraft einstrahlt.

Was ist die Welt für den Menschen? Was ist der Sinn einer Ausscheidung überhaupt? Der Sinn einer Ausscheidung der festen Erdenstoffe? Das Ausscheiden der toten Stoffe ist der Kunstgriff der Schöpfermächte, das Leben lebendiger zu gestalten. Das Ausscheiden der lebendigen Pflanzenwelt ist der Kunstgriff der Schöpfermächte, das Seelische zu befreien. Das Ausscheiden des Tierreichs ist der Kunstgriff, das Geistige frei zu machen, zu entkoppeln vom instinktbestimmten Tierischen, zu entkoppeln vom ortsgebundenen Pflanzlichen und zu befreien vom toten Mineralischen. Die Welt ist ein ausgebreiteter Mensch. Der Mensch ist der Gegenabdruck der ausgeschiedenen Natur.

Naturheilmittel heilen dadurch, daß durch ihre Einnahme, durch ein Sichverbinden mit ihnen, mit der Natur, der Mensch wieder ein wenig gefesselter wird, woraufhin eine gesundende Gegenreaktion stimuliert wird aus dem tiefen Bedürfnis, frei zu werden. Nicht um einseitiges Naturwerden geht es, sondern um universelles Menschwerden und Ganzsein, das heißt Gesundsein. Den Steinen, den Pflanzen, den Tieren ist der Mensch zu unendlicher Liebe verpflichtet, denn ihnen hat er sein Freisein zu verdanken. Wären die Steine noch in ihm, so würde er verfestigen, wäre er noch zu sehr Pflanze, so würde er von Licht und Wasser abhängiger sein, wäre er noch zu fest Tier, so würden ihn die Triebe bestimmen. Das Mineralreich ist das Gegenstück zum physischen Leib, das Pflanzenreich ist das Gegenstück zum Lebens- oder Ätherleib, das Tierreich ist das Gegenstück zum Seelen- oder Astralleib, und das, was äußerlich als Wärme erscheint und brennbar ist, bildet das Gegenstück zum menschlichen Geistleib und ermöglicht das Auskristallisieren des Ichs. Die Erde ist Gegenstück zum befreiten Menschen, des Menschen auf dem Weg zum Engel der Freiheit und der freien Liebesfähigkeit. Es liegt an jedem einzelnen, ob dieses Kunststück gelingen wird. Der Mensch ist ein gewaltiges Kunststück, und es tut mir weh, wenn ich - nach rein äußerlichen Maßstäben bemessen - zu hören bekomme: Der Mensch ist ja so klein, so nichtig, verglichen mit den Weiten des Kosmos. Es gibt einen Satz, über den es sich zu meditieren lohnt: Das Kleine ist größer als das Große.

Ich muß hier anfügen, daß diese meine Überlegungen wenig differenziert sind, nur Andeutungen, inspiriert vom Gedankengut der Anthroposophie, die Rudolf Steiner in seinen Werken dargelegt hat. Ich hoffe indes, diese kleine Einführung ermögliche Ihnen zu verstehen, warum tatsächlich für jedes Leiden ein Kräutlein gewachsen ist.

11

HEIL-PHILOSOPHISCHE EXKURSE

13

Die Entwicklung einer gesunden Seele im Laufe des Lebens

Die erzieherischen Grundlagen bis zur Geburt des Ichs

Genau wie der physische Körper im Laufe der Schwangerschaft ausgebildet und zur Geburtsstunde in die Welt gesetzt wird, bereiten sich in je siebenjährigen Lebensabschnitten die menschlichen Wesens- und Seelenglieder vor, zur Welt zu kommen und hier tätig zu sein.

Von null bis sieben Jahren: Nach der Geburt des physischen Körpers entwickelt sich der Äther- oder Lebensleib. Dieser Ätherleib wird beim Kleinkind ganz durch Imitation der Umgebung und der Eltern geprägt und etwa mit sieben Jahren geboren. Das Kind gibt sich mit geöffneter Seele allem hin, was auf es zukommt. Eine seelengerechte Erziehung in diesen Jahren besteht darin, sich dessen bewußt zu sein, vom Kind nicht zu verlangen, dies oder jenes einzusehen, nicht zu diskutieren, sondern vorzuleben. Der Ätherleib, auch Bildekräfteleib genannt, aus dem sich der Körper noch fertig auskristallisiert, wird mit dem Zahnwechsel frei. Erst jetzt ist es dem Kinde möglich, mit den frei gewordenen Ätherkräften selbständig zu denken, etwas einzusehen. Es beginnt das Schulalter. Das Kind wird fähig, Intellektuelles nachzuvollziehen, zu erarbeiten. Vor sieben wurde Intellektuelles nur nachgeahmt und nicht selbst erdacht. Vor sieben muß absolut ehrlich vorgelebt werden, soll ein gesunder Ätherleib geboren werden.

Alle Unstimmigkeiten und Krankheiten werden unbewußt in den Ätherleib aufgenommen; aber auch alles, was an Freude, Echtheit und Liebe auf das Kind zukommt, wird aufgenommen, und dies wird es ihm später erleichtern, sein Ich zu finden.

Die zweiten sieben Jahre bis vierzehn stellen sozusagen die Schwangerschaft für den Astralleib dar, der mit der Pubertät geboren wird. Hier lernt das Kind nicht mehr nur durch Nachahmen, sondern durch Ausprobieren, und zwar bis zum Gehtnichtmehr. Der Astralleib ist das Tier im Menschen. Das Kind geht all seinen Instinkten nach, probiert alles aus. Der Erzieher muß durch gesunde Autorität das Kind davor schützen, daß es überbordet. Auf der anderen Seite soll dem Kind auch die Gelegenheit gegeben werden, die verschiedenen Tiere in sich kennenzulernen, sie loszulassen, um dadurch Erfahrungen zu sammeln. Das Kind soll Schmeichelkätzchen, aber auch fauchender Tiger sein dürfen. Der Erzieher spielt die Rolle des Dompteurs. Das Kind wird dankbar sein, wenn ihm liebevolle Autorität entgegengestellt wird. In diesem Lebensabschnitt ist dies lebensnotwendig, und gerade dafür wird das Kind die Eltern liebbekommen. Würde ihm in diesem Abschnitt jedoch alles verboten, würde eine Mutlosigkeit für das weitere Leben resultieren. Würde ihm alles erlaubt, könnte es für das weitere Leben durch Übermütigkeit und Grenzenlosigkeit sozial untragbar werden und sich selbst durch die ungebändigte Seele zerstören.

In der dritten Siebenjahresspanne ist bestimmende Autorität nicht mehr am Platz, denn dies ist die Zeit, in der sich das Ich vorbereitet, um mit etwa einundzwanzig Jahren geboren zu werden. Das Erziehungsprinzip hat sich nach den Idolen zu richten, die das Kind selbst wählt, an die sich das werdende Ich anlehnen will. Wird vom Kind etwas verlangt, das nicht seinen Idolen entspricht, so ist es innerlich gezwungen, zu lügen, denn sein Ich will keimen und nicht unterdrückt sein. Die Eltern tun gut daran, wenn sie in diesem Lebensabschnitt noch Einfluß haben wollen, die Interessen ihres Kindes wahrzunehmen und ihm Menschen suchen zu helfen, die als Idole Lehrmeister sein können. Wird das Kind nicht durch befehlende Erziehung zum Lügen gezwungen, so kann mit einundzwanzig ein gesundes, lebenstüchtiges Ich in der Außenwelt tätig werden. Für die Eltern entsteht hier die Gelegenheit, sich selbst neu belehren zu lassen und neuen Anschluß an die Welt zu gewinnen. Die Eltern werden liebgewonnen, wenn sie sich für die vom Kind selbst gewählten Idole erwärmen.

Von null bis sieben tut das Kind allen alles zuliebe. Es nimmt alles an. Es ist voll beeinflußbar. IMITATION ist das Erziehungsprinzip.

Von sieben bis vierzehn tut das Kind den Erziehern alles zuliebe und ist dankbar für die gesetzten Grenzen, die ihm Orientierung im Leben geben. Liebevolle AUTORITÄT ist das Erziehungsprinzip.

Von vierzehn bis einundzwanzig tut es nicht mehr den Eltern, sondern dem eigenen Idol, dem Menschen, der sein zukünftiges Ich vorlebt, alles zuliebe. Es tut alles, um von der Gruppe, die seinem Idol nachlebt, anerkannt zu werden, und die Eltern müssen zurücktreten. Die Suche nach einem IDOL ist Erziehungsprinzip.

Von Einundzwanzig an ist der gesunde Mensch in seinen Handlungen nicht mehr abhängig vom Gefallen oder Mißfallen anderer. Er ist jetzt stark genug, um auf seine innere Stimme zu hören und nach seinem ureigenen Gewissen zu handeln, egal ob man damit einverstanden ist oder nicht. Dies wäre das Resultat einer gelungenen Erziehung.

Die Entwicklung der Seele im Erwachsenenalter

Das Ich wird im Alter von einundzwanzig Jahren geboren, der Mensch ist erwachsen. Doch bereits beginnt eine weitere Schwangerschaft; ein neues Seelenglied bereitet sich in den nächsten sieben Jahren durch die Arbeit des Geistes an der Seele vor, und dieses wird mit etwa achtundzwanzig geboren: die Empfindungsseele. Soll ein gesundes Seelenglied in der Welt tätig werden, so muß eine normale Schwangerschaft vorausgehen. Dieses Seelenglied soll genügend genährt werden. Die Nahrung sind gute Empfindungen, positive zwischenmenschliche Erlebnisse, schöne Erlebnisse mit der Umwelt. Können solche seelenaufbauende Ereignisse nur in ungenügendem Maße stattfinden, kann später die Welt nicht mehr als schön empfunden werden, und das Vertrauen dem Leben gegenüber ist geschwächt. Mißtrauen und Skepsis nehmen Platz und Entschlüsse wie «Nie mehr werde ich . . .!» werden gefaßt, was einer weiteren Entwicklung der Seele entgegenstehen kann. Es entstehen in dieser Zeit die meisten fixen Vorstellungen und Ansichten. Vorstellungen, Gefühle und Willensimpulse, die durch Lebenslage, Beruf, Familien- und Volkszugehörigkeit, aber auch durch die Zeit bedingt sind, führen oft zu lebenslänglichen Verhärtungen in der Seele und nach einiger Zeit auch im Körper.

Wurde die Empfindungsseele mit achtundzwanzig möglichst gesund geboren, so bereitet sich in den nächsten sieben Jahren durch die Arbeit des Ichs ein neues Seelenglied vor, dessen Nahrung nicht mehr nur das Schöne ist, sondern je länger, je mehr das Wahre. In dieser Zeitspanne sind viele tiefe Gespräche wichtig, in denen versucht wird, die Wahrheit zu ergründen. Dies führt zum tiefen Verstehen der Welt; eine gesunde Verstandesseele ist das Ergebnis, die nach fünfunddreißig in der Lage wäre, unterschiedliche Tiefen verschiedener Wahrheiten geistig zu ertasten.

Nach fünfunddreißig dürstet die Seele nach neuer Nahrung, denn die Bewußtseinsseele bereitet sich vor, mit zweiundvierzig geboren zu werden. Schönes und Wahres genügen nicht: Gutes soll in der Welt geschehen. Gutes soll jedoch nicht nur empfunden und besprochen werden, sondern Gutes muß man nach bestem Verständnis tun; dies gibt erst das richtige Bewußtsein, das auf «Tatsachen» beruht.

Die Jahre nach zweiundvierzig

Nach zweiundvierzig bereitet sich wiederum ein neues Seelenglied vor. In einer siebenjährigen Schwangerschaft wird es ausgebildet und gelangt mit neunundvierzig zur seelischen Geburt. Es ist dies das Geistselbst. Die Nahrung für die Seele ist in dieser Zeit die Selbsterkenntnis. Das, was durch den Menschen bisher in die Welt gesetzt wurde, beginnt nun nach außen zu wirken, spiegelt sich an der Welt und wirkt zurück. Dieses Echo ermöglicht es mir, zu erkennen, wessen Geistes die Taten waren, wie ich mich von den anderen unterscheide, was für eine Aufgabe ich im Leben gefaßt habe.

Ist diese Erkenntnis mit neunundvierzig da, so steht ein neuer Reifungsprozeß eines neuen Seelengliedes an, genannt der Lebensgeist – durch die Arbeit des Geistes am

Lebensleib. Dieses Seelenglied ist nun in Vorbereitung und wird mit sechsundfünfzig geboren. Der Geist des Menschen soll nicht nur mir, sondern den Menschen dienen und soll Teil des Lebensgeistes überhaupt werden. Diese Erkenntnis ist die Nahrung für das neue Seelenglied. Der Mensch, der diesen Reifungsprozeß normal durchläuft, ist nicht mehr egoistisch auf sich bezogen, sondern stellt sich in den Dienst anderer. So beginnt er die Fähigkeiten zu erlangen, andere, Jüngere, in ihrem Wesen zu erkennen, und er kann ihnen entsprechend beistehen.

Nach sechsundfünfzig bildet sich durch die Arbeit des Geistes am Körper wiederum ein neues Seelenglied in einer Siebenjahresperiode aus, das Geistmensch genannt wird. Seelische Nahrung für diese Zeit ist die alles durchdringende Erkenntnis, daß der Mensch nicht alleine existieren kann, sondern daß über ihm höhere geistige Hierarchien stehen, deren Werkzeug er ist, in deren Dienst er sich stellen möchte. Die menschliche Selbstherrlichkeit wird aufgelöst, das Leben wird als Mittel zur Arbeit und zur Höherentwicklung betrachtet, und es wird demgemäß gehandelt. Das Bewußtsein bildet sich aus, daß alles, was materiell und sichtbar ist, vergänglich ist und nur das Unsichtbare ewig. Damit ist dem vorgegriffen, was der Tod bringt: nämlich die Erkenntnis der Wesen hinter den Erscheinungen. Wird in diesem Lebensabschnitt das Wesentliche erfaßt, so wird die Kluft des Todes geistig überwunden.

19

Schmerz

Schmerz ist eine Empfindung in der Seele. Die Seele ist jedoch nichts Sichtbares, und demgemäß sind auch Schmerzen prinzipiell unsichtbar. Schmerzempfindungen können in die Seele aufsteigen, auch wenn kein Körperteil zugegen ist, wie dies bei den Phantomschmerzen nach Amputationen der Fall ist. Der physische Körper ist bei einem amputierten Bein nicht mehr vorhanden, und trotzdem kann der Patient zum Beispiel Schmerzen in der Gegend des Fußes empfinden. Dies zeigt, daß - auch wenn der Körper vorhanden ist - nicht der Körper schmerzt, sondern der unsichtbare Seelenleib, der selbst nach einer Amputation noch spürbar da ist. Bei Rückenschmerzen ist es üblich, daß der Rücken geröntgt wird. Dieses Abbild des physischen Leibes gibt jedoch keine Auskunft über die erlebten Schmerzen, und es geschieht unendlich viel Leid, wenn ein Arzt sich anmaßt, aufgrund eines Röntgenbildes eine Aussage über Schmerzen zu machen. Denn der krümmste Rücken kann schmerzfrei sein, und umgekehrt kann der geradeste Rücken unendlich viel kaum erträgliche Schmerzen bereiten. Schläft der Patient jedoch ein, so schwinden die Schmerzen.

Was geschieht während des Schlafs? Die Seele löst sich vom Körper, und damit schwinden das Tagesbewußtsein und die an bestimmte Körperregionen gebundenen Schmerzen. Allerdings kann die Seele im Traum schmerzliche Erlebnisse durchmachen. Jeder Körperteil, jedes Organ des Menschen ist, einfach ausgedrückt, in vierfacher Ausführung vorhanden. Es gibt die physisch antastbare

Niere, durchwoben von der unsichtbaren Ätherniere, der Astralniere und der Wärmeniere. Die erstere ist sichtbar, der Ätherleib, der Seelenleib und der Geistleib der Niere sind unsichtbare Realitäten, aus denen sich die physische Niere geformt hat. Dies gilt für alle Organe, und dies ist der Grund, warum der Mensch weiterlebt, auch wenn ein Organ im Physischen ausfällt.

Wann entstehen Schmerzen? Wenn durch Zerstörung des physischen Organs die dazugehörige Seele nicht mehr in der richtigen Weise die entsprechende Körperregion durchdringen kann, wenn die Seele kein Haus mehr findet, wo sie zur Ruhe kommen kann. Schmerzen entstehen, wenn die Seele bei aufgebrauchten Lebenskräften ungemildert durch den Lebensleib direkt auf den physischen Leib prallt und sich in ihm verkrallt. In der Natur entspricht dies dem Bild einer Tierherde (Seele), die die Weide (Lebensgrundlage, Lebensleib) kahlgefressen hat und jetzt beginnt, die Grasnarbe und den kargen steinigen Boden durchzupflügen (physischer Leib).

Schmerzen entstehen aber auch, wenn ein seelisches Erlebnis auf der geistigen Ebene nicht bewältigt werden kann. Geist und Seele kommen nicht zur Deckung, die Seele findet ihre geistige Heimat nicht und kommt daher nicht zur Ruhe. Dauern die seelischen Schmerzen an, so bewirkt dies, daß der Betroffene innerlich immer wieder zu neuen Gedanken getrieben wird, zu einer Erweiterung seiner Vorstellungen, bis er eine neue geistige Heimat findet, die groß genug ist, um die schmerzende Seele aufzunehmen; dies bedeutet dann Erlösung von den Schmerzen, indem die Seele endlich zur Ruhe kommt. So betrachtet, führen Schmerzen zur Erlösung; sie sind der Wegweiser zum umfassenderen Geistigen.

Was geschieht nun bei systematischer Einnahme von Schmerzmitteln, Psychopharmaka, Schlafmitteln und die seelische Empfindung blockierenden Medikamenten? Der Weg hin zum Geistigen wird verhindert, der Betroffene wird weder lieber noch verständnisvoller für die Mitmenschen und die Umwelt, seine menschliche Entwicklung wird so verhindert, die Schmerzerlösung durch die Tablette entpuppt sich als Scheinerlösung; der scheinbare Fortschritt in der Medizin wird zum menschlichen Rückschritt.

Die Frage stellt sich, wie eine sinnvolle Schmerzgeleitung in der Naturheilkunde zu erfolgen hat. Eine sinnvolle Schmerzbehandlung betäubt nicht die Seele, sondern schafft der Seele ein neues Haus im Physischen und Ätherischen durch stärkende Maßnahmen am physischen Leib und am Ätherleib. Sie bereitet eine neue geistige Heimat vor.

22

Fieber

Fieber ist ein Zeichen dafür, daß im Menschen Ordnung geschaffen wird, und zwar durch den menschlichen Geist mit Hilfe des Kreislaufs und des Blutes, in dem das Ich wohnt. Fieber bekämpfen bedeutet: Der menschliche Geist wird am Eingreifen gehindert, die Heilung kann nicht mehr menschengemäß vor sich gehen, die Stoffwechselvorgänge sind nicht mehr unter der Regie des Ichs, die äußeren Naturgesetze halten Einzug, Schwere überwältigt den Kranken, und was resultiert, sind geologische Ablagerungen innerhalb des Körpers. Ablagerungen werden ohne Fieber nicht mehr verbrannt, Schleime werden zäh, die Schleimhäute verdicken sich, die Lungen werden schlecht dehnbar, die Atmung wird schwer, was wiederum auf Herz und Kreislauf rückstaut.

Hegt und scheuert man den Wärmeorganismus, so räumt der im Blut lodernde Geist mit allem, was nicht zum Menschen gehört, auf: Parasiten, Viren und Bakterien finden keinen unbeseelten Winkel und halten nicht mehr stand, sie weichen dem menschlichen Geist, der, wenn er sich engagiert, Wärme - das bedeutet also Fieber - erzeugt. Bei einer entzündeten Wunde ist die Entzündung das lokale Fieber. Die Entzündung ist nicht die Krankheit, sondern vielmehr Zeichen dafür, daß Heilung im Gange ist. Soll der menschliche Körper Instrument seines Geistes bleiben, so schadet es überhaupt nichts, wenn im Laufe des Lebens mittels hochfiebriger Erkrankungen, zum Beispiel mittels Lungenentzündungen, die Organe wieder umgestaltet werden.

Die geistige Entwicklung eines Menschen geht vielfach vorab. Sollen die körperlichen Funktionen nicht ins Hintertreffen geraten, muß notwendigerweise über die Beschleunigung des Stoffwechsels durch Temperaturerhöhung im physischen Plan nachgearbeitet werden. Man kann aus diesem Grund sagen, wer sich geistig entwickelt, wird durch diverse Fieberschübe im Leben erneuert; sein Körper, sein Gesicht wird nicht zur Maske degradiert, er bleibt der Tempel seiner Seele, seines Geistes. Wer Fieber bekämpft, bewirkt eine Spaltung zwischen Körper und Geist, er verhindert sozusagen die Renovation der Organe, er verhindert letztlich die geistige Entwicklung eines Menschen. Eine sinnvolle Geleitung eines Patienten bei Fieber besteht darin, das, was durch das Fieber erreicht werden soll, durch Naturheilmittel vorwegzunehmen, so daß das Fieber sich mit der Zeit erübrigt.

24

Nicht abhärten gegen Kälte, sondern aufweichen für Wärme

Wer sich in der Jugend gegen Kälte abhärtet, verträgt im Alter die Wärme nicht mehr. Wer sich in der Jugend für Wärme aufweicht und übt, viel Wärme zu ertragen, verträgt im Alter Hitze und wird nicht arteriosklerotisch. Die Sünden der Jugend, der Ruin des Wärmeorganismus, rächen sich im Alter mit chronischer Untertemperatur, mit Insuffizienz des Kreislaufs, mit der Unmöglichkeit, durch eine fiebrige Reaktion zurückgebliebene Stoffwechselprozesse aufzuholen, mit Arteriosklerose, mit Rheuma und unkontrollierten Wucherprozessen. Der Schlüssel zur Gesundheit ist die seelische und körperliche Aufweichung für äußerliche und zwischenmenschliche Wärme. Ein richtiger Mann ist einer, der viel Wärme erträgt, der es auch wagt, seelenwärmende Worte auszusprechen. Dies braucht viel mehr Mut als das Üben der zwischenmenschlichen Coolheit.

Trainieren Sie sich im Tragen von etwas zu warmer Kleidung, tragen Sie einen Pullover zuviel, warme Unterhosen, Strümpfe und wollene Socken. Zuerst werden Sie schwitzen, dann wird der Kreislauf die Wärme zu bewältigen lernen, ohne daß Sie schwitzen und sich dabei erkälten. Sie werden dadurch freier und unabhängiger gegenüber der Wärme in der Seele und in der Außenwelt.

Stark ist eine Frau, ein Mann dann, wenn sie oder er viel Wärme erträgt. Gleichsam als Geschenk für ein solches Wärmetraining werden Sie feststellen, daß Sie, wenn es darauf ankommt, auch viel besser der Kälte gegenüber bestehen, namentlich im Alter.

Ein Mensch, der sein Leben auf die Zukunft ausrichtet, soll immer mehr auftauen, soll sich immer mehr öffnen für jede Art von Wärme, denn Wärme ist Liebe, und Liebe will ertragen sein.

Wucherungen und organzerstörende Prozesse

Wenn der Mensch nicht mehr seine richtige Temperatur erzeugen kann, wenn die heute noch als Krankheit angeschauten, dringend notwendigen Renovationsarbeiten mit Fieberschüben und Temperaturerhöhung nicht nachgeholt werden können, mit anderen Worten, wenn der menschliche Geist die Stoffwechselprozesse nicht mehr ergreifen kann - was dann? Dann ist die Spaltung da zwischen körperlichen und Lebensprozessen auf der einen sowie Seele und Geist auf der anderen Seite. Es besteht eine lokale Schizophrenie, das Geistige ist sozusagen herausgeschockt. Die Wachstumsprozesse sind allein gelassen, und sie können auf die lähmenden Reize, die vom Nervensystem ausgehen, nur mit Wucherung reagieren. Das Metamorphosieren der Zellen zum menschlichen Organismus hin ist nur möglich, wenn Seele und Geist anwesend sind. Je weiter weg diese sind, desto undifferenzierter, primitiver und ungehemmter sind die Wucherungen. Gibt es andere Körperstellen, die auch nicht ordnungsgemäß von Seelisch-Geistigem durchdrungen sind, so werden dies die Orte der auftretenden Metastasen sein. Das sind die Orte, wo der menschliche Geist sich gelöst hat, wo das Ich nicht mehr eingreift, wo sich Ablagerungen festgesetzt haben. Es sind die Orte, die seit längerer Zeit unbenutzt brachliegen, die sich durch Schreck, Vergiftungen und Eingriffe vom menschlichen Plan entfernt haben.

Rein logisch gibt es daher grundsätzlich zwei Therapien: Die erste ist eine echte, die versucht, das verlassene

Gewebe wieder geistig zu durchdringen, also eine inkarnierende Therapie, die als Erfolgszeichen lokale Erwärmung und Fieber mit sich bringt; die zweite versucht, die wuchernden Lebensprozesse durch Abtöten oder Wegoperieren in den Griff zu bekommen. Mit der inkarnierenden Therapie wird die Situation grundsätzlich gebessert. Die feinste und wirkungsvollste Inkarnierungstherapie ist die künstlerische, die durch ihre Differenziertheit noch manches Tor finden kann, durch das Seele und Geist wieder Einzug in den Körper halten können. Erfolgszeichen sind Freude, ureigene Ichfindung und seelische Erwärmung. Wuchernde Zellverbände sind in Wahrheit Ich-suchende Kinder in uns, denen wir Liebe entgegentragen sollten, damit sie sich normal entwickeln können.

28

Die Verwechslung von Ursache und Wirkung in der Medizin am Beispiel des Krebses

Warum wächst eine Pflanze? Weil sie der Sonne entgegen strebt. Kartoffelkeime suchen das Licht. Ist es spärlich, so entwickelt die Kartoffel lange Triebe gegen das Kellerfenster hin, um der Dunkelheit zu entweichen. Warum wuchern Zellen? Weil sie den Geist, die Sonne im Menschen suchen. Jedes Wachstum, jedes Strömen geht in Richtung der nächsthöheren Hierarchie. Alles, was lebt, will ergriffen sein von Seelischem, jedes Seelische will sich hingeben dem Geistigen. Ist die Sonne überall da, ist die Umgebung der Pflanze lichtdurchflutet, wie in den Bergen, so muß sie nicht wuchern; sie bleibt klein und beginnt sofort zu blühen und zu duften. Ist das Licht weg, der Urwald dunkel und schattig, so beginnen bei genügend Wasser die Wucherprozesse in die Luft und in die Wärme sowie ins Licht der Sonne. Wird die Zelle durchflutet von Seele und Geist, blüht die Zelle sofort, das heißt, sie stellt sich in den Dienst des menschlichen Geistes. Sind Seele und Geist weit weg, so müssen Zellen lange wuchern und das Licht und die Wärme suchen. Ja, eine von Seele und Geist verlassene Zelle kann nicht anders, sie muß wuchern. Wenn jedoch der Glutprozeß ihres eigenen Ichs die Organe durchlodert, dann werden Wucherungsprozesse zurückgedrängt. Erlöschen der menschlichen Flamme bedeutet Einschlafen. Weil der Mensch partiell eingeschlafen ist, beginnt das Wuchern. Ist das Licht zu weit entfernt, kann nicht einmal mehr Wucherung stattfinden. Leben braucht ein wenig Licht, sonst beginnt das Sterben. Weil Sie einschlafen, kommt der Krebs, weil sich das Lebenslicht immer weiter entfernt, kommt der Tod. Sie sterben nicht an Krebs, sondern weil sich das Sterben langsam an verschiedenen Körperpunkten einschleicht, treten Krebs und dann Organzerfall ein. Weil Seele und Geist sich entfernen, wuchert es, weil das Licht ausgeht, zerfällt es! Zuerst schleicht sich der Tod ein und dann der Krebs und nicht umgekehrt! Ursache und Wirkung werden verwechselt. Fürchten Sie nicht Krebs, sondern seelisch-geistiges Einschlafen!

Zwölf Heilmittel aus Küche und Haushalt

WARUM HEILMITTEL AUS DER KÜCHE?

Die Heilgemüse, Heilfrüchte, Heilgewürze aus der Küche, Salz, Öl, Essig, Honig, sie sind da, es geht keine Zeit mit Einkäufen verloren. Sie können damit sofort etwas Sinnvolles unternehmen. Was gibt es Einfacheres, als bei Kopfweh auf eine Pfefferschote zu beißen oder an einem Gewürz zu schnuppern, um einen erlösenden Niesanfall zu provozieren, als eine Zwiebel entzweizuschneiden und damit die Nieren einzureiben oder bei Stirnhöhlenproblemen eine Hälfte auf die Stirn zu legen? Dazu eignet sich auch bestens der Meerrettich.

Der Vorteil der Gemüse und Früchte liegt auch darin, daß sie noch voller Lebenskräfte sind, denn je lebendiger ein Heilmittel, desto wirkungsvoller, desto heilsamer ist es. Viele Naturheilmittel aus dem Handel zeitigen wenig Erfolg, nicht weil die Heilpflanze, das Heilpräparat nicht richtig wäre, sondern weil es welk, zu lange abgestanden, ist. Es überrascht immer wieder, zu sehen, was frische Heilpflanzen bewirken. Bei der Einnahme von toten Mitteln wird der Tod im Körper vermehrt; Lebensmittel oder lebendige Heilmittel vermehren das Leben. Auch was Sie sonst im Haushalt finden, kann Ihnen dienen. Lehm, ein Kupferlappen, ein Staubsauger als Schröpfapparat. Schauen Sie sich um, lassen Sie Ihre Phantasie walten!

Das Ei, Aufbaukonzentrat der Natur

bei körperlicher Schwäche

Das Ei ist im wesentlichen die irdische Nahrung des Hühnerembryos. Die Einährstoffe ermöglichen allen noch kosmischen Wesen, auf der Erde Substanz anzunehmen, helfen die Gestalt aufzubauen, die bei jedem tierischen und menschlichen Wesen aus Eiweißen besteht. Das Ei ist die Aufbau- und Kraftnahrung für alle irdischen Tätigkeiten. Muß nach einer Krankheit der Körper wieder regenerieren, so kann dieser Aufbau am besten durch ein gesundes biologisches Ei, kurz abgebrüht, fast roh und geschlagen, mit Quark verrührt, gefördert werden. Quark ist der andere bestens verträgliche Eiweißlieferant. Das Eigelb ernährt im embryonalen Stadium der Organbildung, Quark stammt aus der Milch der Milchdrüsen, die für die nachgeburtliche Ernährung da ist. Ein mit Quark verrührtes Ei umfaßt die ganze Spannweite der Ernährung bis ins Nachsäuglingsalter. Jegliche Aufbaustörungen infolge

Eiweißmangels nach verzehrenden Krankheiten, etwa schlecht heilenden Wunden oder Muskelrückbildung nach langer Liegezeit und allgemeinen Schwächezuständen, können so behandelt werden. Eines ist jedoch zu beachten: Das Ei soll nicht spätabends genommen werden, weil das Ei auf die Erde bringt, die Seele mit dem Körper verbindet, also das Gegenteil des Einschlafens bewirkt, wo sich die Seele vom Körper löst. Um bis in die Knochen hinein aufbauend zu wirken, beispielsweise bei Knochenschwund (Osteoporose, Rachitis), kann das kalkhaltige Eierschalenwasser zur Zubereitung eines Kamillentees gebraucht werden. Mit etwas Milch zusammen ergibt sich ein köstliches Alltagsgetränk, wobei der Kamillentee nie zu konzentriert sein darf.

Kamille und Milch enthalten ebenfalls lebendigen Kalk. Dieser festigt, lagert ab, baut auf. Die erste Substanzbildung, angeregt durch das Ei, findet in der Leber statt. Saure Kalbsleber, mit Zitrone zubereitet, regt die Leber zur menschlichen Substanz- und Blutbildung an. Ein weiteres gut verträgliches Eiweiß schenken uns die Fische, weshalb die Aufbaunahrung durch frischen Fisch ergänzt werden kann. Der Körper soll damit aber nur angeregt und nicht gleich überlastet werden. Dieser Trick mit dem Ei ermöglicht es dem Gesundenden, den irdischen Anforderungen bald wieder zu genügen. Die ständige Einnahme von Eiern würde uns zu fest an die Erde binden, Geist und Seele bekämen Mühe, sich frei zu bewegen. Zu viele Eier im Kindesalter machen den Organismus zu früh erdenreif. Dies ist nicht erwünscht; daher sollte mit dem Eierkonsum nicht übertrieben werden. Aufgepaßt bei Krebskranken, bei denen durch den Eiergenuß unter Umständen die Geschwulst genährt wird. Das Ei ist ohnehin eine große

Zelle, die dem ganzen Organismus entfällt, wie dies auch die zu irdisch gewordene Krebszelle tut. Alkohol oder Bier, ins Ei gerührt, fördern dieses Auf-die-Erde-Kommen zusätzlich. Das kann erwünscht sein oder auch nicht. Zum Verständnis des Eies versuchen Sie folgendes zu imaginieren: Das Eigelb schwimmt im Eiklar wie der sonnenbeschienene Erdball im geistklaren, durchsichtigen und durchseelten All.

Anwendung des Eies

Als Aufbaunahrung nach Krankheit.
Zur Anregung des Eiweißstoffwechsels.
Zur Kräftegewinnung für körperliche Arbeit.
Zur Anregung des Gallenflusses. Bei kritischer Gallensituation kann ein Ei jedoch Gallenkrämpfe auslösen. Zur Aktivierung der Galle.
Zur Besserung der Wundheilung, zusammen mit Quark.
Bei Kalkmangel Eierschalenwasser für die Zubereitung von Kamillentee verwenden.
Haarwaschen mit rohem Ei zur Ernährung der Haare.
Auch bei Ekzemen (Hautentzündungen) kann versucht werden, äußerlich mit einem rohen Ei zu behandeln.

Der Honig, Zucker gewordene Liebe *zur Wundbehandlung*

Honig ist brennbar und ein Produkt der Wärme, der Blüte, die sich der Sonne zuneigt, und er hilft im Menschen mit, den Wärmeorganismus zu regulieren. Zucker ist, chemisch gesehen, eine Sechserverbindung und wird als Honig in sechseckigen Waben abgelagert, wo er auskristallisiert. Diese Möglichkeit auszukristallisieren, sozusagen mineralische Natur anzunehmen, befähigt ihn auch gestaltend bis in den mineralisch auskristallisierten physischen Körper hinein zu wirken. Überall, wo das Ich gestaltend einwirken soll, ist ein Honigwickel oder, wenn nicht vorhanden, ein Zuckerumschlag angebracht. Der Honig ist das Werkzeug des Ichs, um den Stoffwechsel menschengemäß zu koordinieren. Was heißt das? Nach einer Trümmerfraktur des Knies soll sich wieder ein Knie im menschlichen Sinn entwickeln. Das Ich des Menschen muß demzufolge gestaltend am Regenerationsprozeß teilhaben können. Denn erst dann erfolgen die Kalkabsonderungen im

Knochen nicht einfach nach äußeren geologischen Ablagerungsgesetzen, sondern ichgemäß. Wenn sich bei Zuckerkrankheit der Zucker einfach im Blut ablagert, statt im Dienste der Ich-Organisation zu wirken, so können äußere Honigumschläge auf dem Oberbauch, über der Bauchspeicheldrüse, Besserung bringen.

Honig ist der Nährstoff des Gehirns. Insekten sind selbst im wesentlichen Flügel und Nerv. Im Bien verdichten sich diese Insekten gewordenen Einzelnervchen zum hochentwickelten «Gehirn». Im Kribbeln sehen wir, wie die Sonne im Gehirn denkt. Die Natur ist ein ausgebreiteter Mensch, wir finden in ihr alles, was im Innern des Menschen Stoff wechselt, als äußeren, anschaubaren Prozeß. Die Weisheit des Biens ist die Weisheit der Sonne mit ihren Trabanten, dem Merkur und der Venus. Im Gold des Honigs glänzt die Sonnenkraft, im Gelb spiegelt sich die Wirkung des Jupiters. Mit potenziertem Honig läßt sich daher der Hirnstoffwechsel regulieren - beim Kind, wo sich das Gehirn noch entwickelt, wie auch im Alter, wo die Gehirntätigkeit zu sterben droht. Bienen sind Tiere der Wärme und des Lichts. Werden wir von einer Biene gestochen, so wird uns Wärme und Licht verabreicht. Um dieses Sonnengift bewältigen zu können, um dieses Feuer zu löschen, muß der Mensch sehr viel Wasser zur Stichstelle bringen. Das Bienengift fordert unseren Wasserorganismus stark heraus. Es ist homöopathisch das Heilmittel bei stichbedingten und anderen lymphatischen und allergischen Schwellungen, ebenso bei Lichtüberempfindlichkeit. Auf die Stichstellen kann aber auch direkt Honig aufgestrichen werden.

Die Bienen sammeln in den Blüten nicht nur die Weisheit der Sonne, sondern auch die Liebe der Sonne. Honig ist gesammelte Sonnenliebe. Essen wir Honig, nehmen wir Liebe ein. Liebe durchflutet die Kinder beim Honigschlecken, und sie werden ruhig. Doch wehe, wenn ihnen diese Liebe entzogen wird! Diese Liebe ist von außen zugeführt. Im Menschsein geht es aber darum, eigene, innere Liebesfähigkeit zu entwickeln. So kann ein Zuviel an Süßigkeiten diese innere Entwicklung hemmen, und die Kinder werden frech und überheblich. Dies, weil der Zucker zwar ein Ichgefühl vermittelt, das dann aber allzuleicht mit dem eigentlichen Ich, das auf dem mühseligen inneren Weg gestärkt werden muß, verwechselt wird.

Das Wesen der Bienen ist Weisheit, Wärme, Liebe und Fruchtbarkeit. Bienengift hat eine heilende Wirkung bei Unfruchtbarkeit. Vor allem die Eierstöcke, wenn sie geschwollen und entzündet sind, sprechen auf homöopathische Apisgaben gut an (zum Beispiel Apis D6). Wo Blüten sind, sind immer auch Bienen. Wo die Bienen sind, beginnt es alsbald auch zu blühen. Wenn die Bienen in der Nähe des Menschen sind, fängt er zu blühen an und wird fruchtbar.

Anwendung des Honigs

Für Kleinkinder und alternde Menschen, die wieder werden sollen wie Kinder, lieb und sonnig, sind täglich kleine Gaben von Honig in den Tee, auf das Brot oder sonst zum Süßen am Platz.

Äußerlich aufgetragen zur osmotischen Wundreinigung und zur Förderung der Wundheilung. Der Honig wird dazu direkt auf die Wunde gestrichen und mit Gaze abgedeckt.

Abszesse (Eiterherde), Akne und Ausschläge können mit Honig gut beeinflußt werden.

DIE KARTOFFEL, DER GUTE KUMPEL *bei Darmstörungen und Entzündungen*

Nervös sind sie nicht, die Leute, die Kartoffeln anpflanzen und von Kartoffeln leben. Gutmütig und etwas langsam erscheinen sie dem hastigen Städter. Die Kartoffel selbst ist ein gutmütiger Kumpel, der als Nachtschattengewächs entzündungshemmend sowohl im Geist als auch im Körper wirkt. Alle Nachtschattengewächse, die sich ja von der entzündlichen Sonne abwenden, haben entzündungswidrige Eigenschaften. Wenn durch Vergiftung die

Entzündungsfähigkeit blockiert wird, muß sich der Organismus, sobald er wieder dazu fähig ist, vehement durch reaktive, überschießende Entzündung dagegen wehren.

Gut bekannt ist die Heilwirkung von Kartoffelsaft bei übersäuertem Magen und bei Magenschleimhautentzündungen. Auch die schmerzlindernde Eigenschaft des «Kartoffelfangos», zum Beispiel bei eingeklemmtem und entzündetem Ischiasnerv, ist bekannt. Bei Sonnenbrand bringt ein Umschlag mit Kartoffelschalen auf die verbrannten Stellen oder eine Abreibung mit dem verwandten Nachtschattengewächs, der zündroten Tomate, guten Erfolg.

Die Kartoffel, dieser gutmütige Kumpel, beruhigt als Kartoffelbrei überreizte Kinder. Wenn sie jedoch über Jahre fast täglich eingenommen wird, schwächt sie das Nervensystem und untergräbt im Körper die Formkraft, die vom Nervensinnessystem ausgeht. In Kartoffelgegenden sind auffallend viel deformierte Leute anzutreffen, besonders wenn aus Mangel an anderen Lebensmitteln dieses von Kolumbus eingeführte formlose Knollengewächs dauernd gegessen wird. Die Inzucht fällt dabei wahrscheinlich weniger ins Gewicht als der fast ausschließliche Kartoffelgenuß über Generationen, bei dem jeglicher Stimulus des Nervensystems durch die Nahrung wegfällt. Genau diese Eigenschaft beruhigt jedoch die sich bei übermäßiger Konzentrationsarbeit ergebenden Magen-Darm-Störungen. Denn das Sichkonzentrieren im Kopf greift, wenn keine Pausen respektiert werden, auf den Körper über, welcher sich ebenfalls zu konzentrieren, das heißt zu verkrampfen beginnt. Geformte Wurzeln, wie Rettiche und Karotten, wirken stärkend und heilend auf das Nervensystem. Die aufgetriebenen Nebenwurzeln – denn um solche handelt es sich bei der Kartoffel - haben eine gegenteilige Wirkung. Ein jedes entzündete Organ muß jedoch ruhiggestellt werden. Wie kann ich aber einen Darm ruhigstellen? Indem ich ihn mit ungewürztem Kartoffelbrei vollstopfe. Dazu wird bei schwerer Darmentzündung während vielleicht einer Woche kaum etwas anderes als Kartoffelbrei zu sich genommen, wobei darauf zu achten ist, daß der Patient möglichst wenig auf die Toilette geht, denn jede Entleerung bedeutet Darmbewegung und Darmreizung. Natürlich muß auf die individuelle Verträglichkeit und Reaktion Rücksicht genommen werden. Mit dieser Methode lassen sich aber Darmstörungen heilen, für die von seiten der Schulmedizin viel kräftigere Mittel eingesetzt werden. So läßt sich mit der Kartoffel, diesem drolligen Kerl, etwas Gemütlichkeit in den Bauch bringen. Die Kartoffel ist aber, wie auch die Tomate, ein wucherndes Ding und schlecht geeignet zur Dauertherapie oder zur Behandlung von knollenartig wuchernden Krebsformen, bei denen die menschliche Form bereits aufgewühlt wurde. Tomate und Kartoffel sind auch egoistische Gewächse, denn sie wachsen auf dem eigenen Mist am besten. Die Tomate stimuliert den Menschen nur im Bauch; sie macht den Menschen selbstgenüßlich; die Kartoffel stimuliert ihn nur bis zum Gaumen unter Auslassung des Nervensystems. Durch Mahlzeiten wie Pommes frites mit Ketchup werden daher die effektiven menschlichen Fähigkeiten - überegoistisches Denken - quasi ausgeschaltet, weswegen sich diese Mahlzeit geradezu tierischer Beliebtheit erfreut. Bei zwischenmenschlichen Leiden dieser Art und bei Krebs gehört daher die Kartoffel nur selten einmal auf den Tisch. Bei entzündlichen Leiden jedoch hilft sie schwere Zeiten überbrücken.

Anwendung der Kartoffel

Zum Stopfen und Beruhigen der Därme, bei allen Arten von Entzündungen und nervösen Darmreizungen: Kartoffelbrei.
Bei Magenbrennen, saurem Aufstoßen und Magenentzündungen: Kartoffelsaft.
Bei Hexenschuß, Ischias (Nerventzündung), Rückenverspannungen und rheumatischen Erkältungen: Geschwellte Kartoffeln als heißer Bauernfango. Dazu wird die zermanschte Kartoffel in eine Gazewindel gewickelt und auf den Rücken gelegt.
Bei Gürtelrose: Rohe Kartoffelschalen direkt auf die Haut raffeln.
Zur Entspannung der Rücken-, Becken- und Schultermuskulatur und zur Mobilisierung der Gelenke: Legen Sie sich flach auf den Boden, schieben Sie eine rohe Kartoffel unter die zu entspannende Stelle zwischen Rücken und Boden. Versuchen Sie jetzt, sich allmählich darauf hinzulegen und zu entspannen. Bleiben Sie, wenn möglich, während etwa dreier Minuten so liegen und atmen Sie in den Schmerz hinein.

Der Knoblauch, Pflanze gewordenes Drachenfeuer *bei Parasiten*

Der dem Knoblauch ähnliche Geruch von Arsen verrät eine vergleichbare Heildynamik beider Prinzipien. Arsen bewirkt Astralisierung, Knoblauch dynamisiert den Astralleib ebenfalls und kann deshalb zum Doping benutzt werden. Velorennfahrer sollen sich in vergangenen Zeiten mit Knoblauch gedopt haben. Eine Arsenvergiftung bewirkt, daß der Organismus übermäßig angeregt wird, so daß er sich völlig erschöpft, verbrennt und unter Aktivierung der letzten Lebenskräfte austrocknet. Der Knoblauch wirkt bis in den letzten Winkel des Körpers dynamisierend und verbrennt die versteckten Lebenssäfte, befeuert den Menschen und trocknet ihn aus. Bereits nach wenig Knoblauchgenuß hat der Mensch das Bedürfnis zu trinken.

Den Parasiten, Würmern, Bakterien, ja selbst den Viren und Plasmodien, die die Lebenssäfte des Menschen abzapfen, raubt der Knoblauch die Grundlage ihres vegetativen Lebens, indem er ihnen buchstäblich sulfurische Hitze und phosphorisches Feuer entgegenspeit. Die Würmer reißen aus und ergreifen die Flucht. Selbst Drachen würden sich ob so viel Dynamik, Licht, Hitze und Feuer erschreckt in die Höhle verziehen. Doch auch dies wird nichts nützen: der Knoblauch räuchert die letzte Höhlung unseres Körpers aus.

Der Knoblauch ist ein kompaktes, fast zu Gummi verdichtetes, zusammengezogenes Lauchgewächs, das Hitze, Trockenheit und Licht bevorzugt, wogegen die Zwiebel sich mehr ans Wäßrige hält. Im Unterschied zur Zwiebel enthält der Knoblauch Phosphor, dasjenige Element, das in die Verdichtung führt. Die Phosphordynamik bewirkt die Verdichtung des Organismus bis zu den Nerven und zum Knochensystem. Der Phosphor liefert auch für jegliche Mobilisierung der Energien in der Leber den Zündfunken.

Die flammenähnlichen Knoblauchzehen gruppieren sich zum Pflanze gewordenen Feuer, in dessen Mitte der dünne Stengel der Flammenwut entflieht und sich zur weißen Blüte emporkräuselt. Der Knoblauchstengel gleicht dem Rauchfaden einer kaum erloschenen Kerze. Mit Knoblauch wird der Atem geräuchert. In die Küche paßt der Knoblauch dann, wenn ein Fleischgericht in Dynamik versetzt werden soll, wogegen die Zwiebel eher geeignet ist, dem Gemüse den letzten Schwung zu geben. Knoblauch ist, bildlich gesprochen, der befeuerte Muskel, die Zwiebel das mit Schwefel durchtränkte Blatt. Im Knoblauch wird der Lauch zum atemberaubenden Rauch.

Anwendung des Knoblauchs

Bei Wurm-, Amöben- und Parasitenbefall des Darms: Während zweier Tage rohen Knoblauch essen bis zur starken Hautausdünstung oder bis leichtes Magenbrennen eintritt. Die Kur eignet sich für das Wochenende. Ebenfalls nach Antibiotika- oder andern Vergiftungen durch Medikamente oder Lebensmittel.

Zur Wunddesinfektion und Wundheilung, bei Verletzungen jeglicher Art, bei Bissen und Stichen: mit Pflaster eine Scheibe Knoblauch über der Einstichstelle fixieren.

Bei Ekzem (Hautentzündung) der Handflächen und Schweißekzem der Füße: Sohlen mit Knoblauch einreiben.

Bei Warzen: Ein Loch ins Pflaster schneiden, das genau über die Warze paßt; eine Knoblauchtranche ins Loch legen und mit einem zweiten Pflaster über Nacht fixieren.

Bei Fußpilz: Knoblauchzehe zwischen den Zehen oder auf der befallenen Stelle nachtsüber fixieren.

Bei Pilzen, Hämorrhoiden, Analekzem und Unterleibsinfektion chronischer Art: Ganze Knoblauchzehen als Vaginal- oder Hämorrhoidalzäpfchen verwenden.

Bei Ohrenentzündung und Ohrenschmerzen: Knoblauchzehe mit Pflaster vor dem Gehörgang fixieren oder Saft ins Ohr träufeln, direkt von der Knoblauchpresse.

Bei chronischen Oberbauchentzündungen, bei Diabetes (Zuckerkrankheit) und bei Bluthochdruck: Knoblauchkuren.

Bei Zahngranulomen und Zahneiterungen: Knoblauchtranchen zwischen Wange und Zähne legen. Dadurch werden die Zahnschmerzen gelindert.

Bei Kleinkindern sind Verträglichkeitskontrollen der Eltern an sich selbst zu machen, damit fein genug dosiert wird. Ein gutes Einführungsvermögen ist Voraussetzung.

Das Kochsalz, das Salz des Bewusstseins
bei Ergüssen (Ödemen)

Das Salz der Erde versetzt uns Menschen ins Tagesbewußtsein. Süßes hingegen macht schläfrig und sollte am Morgen nicht eingenommen werden. Unser Kochsalz ist das Salz des Bewußtseins. Die Salzkriege waren Bewußtseinskriege, denn ohne Salz ist kein irdisches Bewußtsein möglich. Im Lebendigen finden sich die Salze in den Wurzeln der Pflanzen. Salze kristallisieren aus durch die Verdunstung des Wassers als der Grundlage jeglichen Lebens. Salzkristalle formen sich aus, und die Zeit übt keinen Einfluß mehr auf sie aus. Materie ist zerborstene geistige Form. Kochsalzkristalle sind erstarrte, nie ganz perfekte viereckige Formkräfte. Die gleiche Erstarrungsdynamik entfaltet das Kochsalz auch im Menschen. Salz konserviert, führt zu Quadratschädeldenken, pökelt, so daß die Zeit vorbeistreicht, ohne daß sich die im Salz konservierten Gedanken oder Speisen verändern. Bei Gedankenschwäche und Gedächtnisstörungen jedoch wird ein wenig Salz zum Heilmittel. Unter Zucker verlieren sich die Gedanken, unter Salz werden die Gedanken zur Konserve.

Die Lunge ist das Organ, das für die Erneuerung des physischen Leibes verantwortlich ist. Der lebendige Verbrennungs- und Ausatmungsprozeß ermöglicht die ständige Umgestaltung des Körpers. Dieses lebendige Feuer, das - vermittelt durch die Lungen - im Blut lodert, führt bei guter Lungentätigkeit zur lebendigen Asche- und Salzbildung: Salze, die über die Nieren, über Schweiß- und andere Drüsen ausgeschieden werden können. Ist die Lungenfunktion schlecht, so ist die Salzausscheidung gestört. Ist dieser Salzausscheidungsprozeß gestört, so führt dies zu Sturheit und zu Zwangskrankheiten, zu fixen Gedanken. Die Salzstoffwechselstörung wirkt sich, wie übrigens jede Stoffwechselstörung, im Seelischen aus. Daher soll für eine effektvolle Therapie seelischen Unvermögens der dazugehörige gestörte Stoffwechsel mitbehandelt werden.

Wenn Rheumatiker ins Solebad gehen und dabei von Schmerzen befreit werden, beruht dieser Effekt leider oft nicht auf einer Heilung, sondern auf einem Unempfindlichwerden und Blockieren der an sich heilenden Entzündungsprozesse. Denn das lokale Fieber ist Grundlage zur Umgestaltung an Gelenken und degenerierten Organen. Wenn der Körper aber reaktiv die Kraft aufbringt, nach dem Salzbad sich gegen das Gepökeltwerden aufzulehnen, entsteht ein sehr heilendes Salzfieber, bei dem der Wärmeorganismus engagiert wird. So fühlt man sich nach Meerbädern oft leicht fiebrig.

Konzentriertes Salzwasser zieht reines Wasser aus dem Körper; das Wasser wird abgezogen; zurück bleiben aller Schlick und alle Ablagerungen, wenn nicht reaktiv das heilende Fieber auftritt. Die Sauna dagegen bewirkt eine Ausscheidung von Ablagerungen durch die geöffneten Schweißdrüsen, eine Entlastung des Körpers von harnpflichtigen Stoffen und eine Reinigung. Bei fortgeschrittenen rheumatischen Erkrankungen, bei denen der Körper keine Reaktionsfähigkeit mehr hat, ist vor dem Salzbad das Schwefelbad oder die Sauna angezeigt.

Salz macht irdisch und daher grundsätzlich depressiv, wenn die geistigen Kräfte nicht reichen, das Salz zu überwinden. Durch homöopathische Salzgaben können jedoch diese geistigen Überwindungskräfte mobilisiert werden: durch potenziertes Meersalz, wenn das Blutsalz angesprochen werden soll, durch potenziertes Steinsalz (Halit), wenn die Salzprozesse im Nervensystem und im Gehirn behandelt werden sollen.

Noch eine Beobachtung können Sie in Ihrer Umgebung selbst machen: Wenn Kinder zu fragen beginnen und auf diese Weise zum Ausdruck bringen, daß sie das Bedürfnis haben, irdisches Bewußtsein zu erlangen, werden sie auch gierig nach Salz!

Anwendung des Salzes

Salzumschläge bei allen Schwellungen, Ergüssen und Wasserstaus.

Bei Beinödemen sowie bei arthrosebedingten Gelenködemen.

Bei Knie- und Gelenkergüssen nach Verstauchungen. Dazu wird eine Salzpappe mit ganz wenig Wasser zubereitet und mit einem Umschlag eingebunden.

Auch alle entzündlichen Geschehnisse bei Krampfadern und bei schlecht heilenden Wunden können so beruhigt werden.

Salz zieht osmotisch Wasser, daher anzuwenden bei Nierenschwellungen, während der Geburt bei Eklampsiegefahr (Krämpfen), bei Gewebeergüssen und Lymphödemen.

Bei Nebenhöhlenentzündungen wird aus der hohlen Hand schwach konzentriertes Salzwasser geschnüffelt.
Generell zur Linderung von Schwellungen, Entzündungen und Schmerzen.
Homöopathisch in höheren Potenzen bei Depression (Niedergeschlagenheit), bei Zwangskrankheit, bei degenerativen Störungen des Nervensystems, bei Konzentrationsstörungen, bei Hautleiden wie Psoriasis (Schuppenflechte), bei Haarausfall.

Der Kohl, Hüllgeste in der Natur *bei Eiterungen*

Die gekräuselten Blätter des Kohls, die sich umhüllen und zum Kohlkopf formen, bilden schwefelreiche Stoffe mit eiterziehender Wirkung. Kräuselung entsteht, wo Astralisches Ätherisches ergreift, wo Luftprozesse Wasserprozesse erfassen und im gekräuselten Blatt zur sichtbaren Schaudynamik erstarren. Schaum ist in Wasser eingeschlossene Luft.

Bei Eiterungen müssen immer Luft und Licht, das heißt astrale Kräfte, zugelassen werden. Diese sind für den Abbau im Körper verantwortlich, die ätherischen dagegen bauen auf. Kohlblätter bewirken Astralisierung im Ätherischen, indem sie in den wuchernden, sich mehrenden Eiterungen Abbauprozesse einleiten. Normalerweise werden Pflanzen nur in den Blüten von Seelischem berührt. Das

ist der Ort, wo das Tier, das Insekt die Pflanze berührt. Das ist der Ort, wo sich die Pflanze einstülpt bis zur kelchartigen Blütenbildung. Der Kohl hingegen wird bis in die Blätter hinein beseelt, so daß sich diese zu kleinen Hohlräumen aufblähen. Kohl verursacht bekanntlich Blähungen! Im Kohl, als Ausnahme im Pflanzlichen, läßt sich ein Beginn dieses Einhüllungsprozesses beobachten. An derjenigen Stelle, wo der Mensch gut eingehüllt sein muß, nämlich in der Gebärmutter, dem geborgensten Winkel im Menschen, dort wirkt der Kohl heilend. Bei Unfruchtbarkeit, bei Gebärmutter-Unterentwicklung, nach zu langer oder zu früher Einnahme der Pille kann durch Kohlumschläge das Einhüllungsprinzip der Gebärmutter wieder gestärkt werden. Für diesen Zweck legt man während eines Monats nachtsüber einfach ein Kohlblatt auf den Unterleib.

Warum wirkt der Kohl eiterziehend? Aus dem einfachen Grund, weil die leicht zerfallenden, schwefelreichen Eiweiße ein gefundenes Fressen für die Eiter bildenden weißen Blutkörperchen sind. Eiter, der sich um zerfallenes Gewebe bildet, wandert ab zum noch «besseren» Kohlblatt. Auf diese Weise kann Eiter selbst aus tiefem Knochengewebe abwandern, wenn in der Nähe ein Kohlblatt aufgelegt wird.

Ein Kohlblatt eignet sich auch zum Auflegen bei Brustentzündungen, bei eitrigen Bronchitiden und bei asthmatischen Lungenblähungen. Durch Kohlblätter werden vom ganzen Körper her weiße Blutkörperchen angezogen, die alles, was im Zerfall begriffen ist, auffressen und sich dann mit letzter Kraft und vollem Bauch noch über das zerfallene Kohlblatt hermachen, mit dem dann der Eiter gezogen werden kann.

Anwendung des Kohls

Bei Eiterungen aller Art, bei Abszessen (Eiterherden), bei schlecht heilenden Wunden, bei Bronchitiden, Lungenentzündungen, bei Asthma mit zähem Schleim.
Bei Magen-Darm-Störungen und Blähungen.
Bei Gebärmutterstörungen.
Am besten werden die frischen Kohlblätter nachtsüber aufgelegt. Falls sie sich als zu hart erweisen, können sie eine Minute lang gekocht oder mit dem Wallholz flachgedrückt werden.

Der Lehm, die geologische Schmiere *für die Gelenke*

Tonerde ist metamorphosiertes zerbröckeltes Gestein. Dieses wird in den geologischen Kontaktzonen derart fein zermalmt, daß der so entstandene Lehm fähig wird, Wasser in sich aufzunehmen. Wasser ist aber die Grundlage des Lebens. So kommt es, daß sich allerhand Schlamm und Algen auf dem im Wetter stehengelassenen Lehm zu entwickeln beginnen. Diese verändern den Lehm und machen ihn noch geschmeidiger, ideal für den Töpfer, der damit einen lebendig formbaren Stein vor sich hat. Aus totem Gestein entsteht etwas lebendig Formbares. Das ist eine Ausnahme in der Natur - eine Art Auferstehung eines Steins.

Normalerweise entsteht Totes aus Lebendigem. Die tote Austernschale beispielsweise wird von der lebendigen Austernlarve abgesondert. Kalkgestein entsteht aus Lebewesen. Während der Erdbildung hat sich auch der Granit aus kieseligen pflanzlichen Vorstufen der noch nicht festen Erde herausgebildet. Auch unser Knochen wird, wie die Gesteine der Erde, von einem lebendigen Organismus aus-

geschieden. Natürlich entstehen die Himmelskörper aus einem lebendigen embryonalen Zustand, wie der Mensch, und nicht aus einem Urknall, wie leider noch immer überall verbreitet wird (ein Kind entsteht auch nicht aus einem Urknall im Bauch der Mutter). Überall in der Natur entsteht das Tote, entstehen die Gesteine aus dem Lebendigen. (Die Wissenschaften des Toten - EX-AKTE Wissenschaften - können daher nicht als Grundlagen zum Verständnis der Medizin herangezogen werden, wohl aber umgekehrt.) Im Lehm erahnen wir aber einen neuen Schöpfungsprozeß in umgekehrter Richtung. Der Lehm entsteht, wenn zwei Felsmassive aufeinanderstoßen. In der Knautschzone zwischen ihnen, wo Granit und Kalk sich aneinander reiben, entsteht die Tonerde. Lehm ist die Gelenkschmiere zwischen den Felsen. Es erstaunt nicht, daß Lehmwickel bei Gelenkerkrankungen, bei Abschilferungsprozessen in den Gelenken wunderbare Heilung erbringen können. In homöopathisch verarbeiteter Form eingenommen, führt er das leblose Nervensystem, das bei Krankheit mit seiner Sklerosetendenz am Zerbröckeln sein kann, erneut in einen lebendigeren Zustand über, der den übrigen Organismus wieder formen und zur Reaktion auf die vom Nervensystem ausgehenden Lähmungen aufwecken kann. Denn das gesunde Zusammenspiel von Nerv und Muskel vollzieht sich so, daß vom Nervensystem durch die Gedanken die Lähmungen ausgehen, welche vom Muskelsystem ständig aufgefangen werden. Der Muskel ist empfindende Substanz, und jegliche Bewegung geht von ihm aus und nicht vom Nervensystem. Es ist höchste Zeit, daß auch dieses Märchen vom motorischen Nervensystem endgültig aus der Medizin und Schulliteratur verschwindet. Von den Nerven geht nie Bewegung aus, sondern immer nur eine

Lähmung. Der Name «motorische Nerven» ist irreführend und sollte nicht mehr gebraucht werden. (Die Nerven entsprechen in der Natur den Wurzeln. Sowenig es motorische Pflanzenwurzeln gibt, sowenig gibt es motorische Nerven!) Durch den Lehm, verabreicht als Prozeß, wird der Organismus wieder zum formbaren Gefäß für Seele und Geist.

In materieller Form ist die Verwendung der Tonerde bekannter: Ein Löffel aufgeschwemmten Lehms kann dem Darm wieder Geschmeidigkeit und Beweglichkeit vermitteln. Er wird zur glitschigen Rutschbahn der Speisen, die besser knetbar werden und nicht mehr liegenbleiben und verfaulen. Zudem macht die Tonerde in Verwesung begriffene Speisen und Gifte unschädlicher. Beobachten wir, was der Lehm in der Landwirtschaft bewirkt, so finden wir, daß auf lehmigem Boden die Pflanze sich aus der Wurzel gut in die lebendige überirdische Pflanze entwickeln kann. Genau das bewirkt der Lehm auch als homöopathisches Heilmittel. Potenzierter Lehm fördert den Lebensstrom vom Nervensystem ins Stoffwechselsystem.

Edelsteine sind Tonmineralien und erlangen als Saphir und Korund edelste Ausgestaltung. Sie wirken ins Sinnesgebiet. Ziegelsteine und Backsteine sind die amorphe und chaotische Ausgestaltung des Tons, auf den Stoffwechsel zugeschnitten. Zwischen diesen beiden Polen steht der vermittelnde Lehm, der für alle vermittelnden und rhythmischen Prozesse des Menschen heilsam ist.

Anwendung des Lehms

Zur Verdauungsregulation ein Löffelchen Lehm, im Wasser aufgeschwemmt, einnehmen.

Bei Durchfall konzentrierter, bei Verstopfung verdünnter

zu sich nehmen. Lehm dient zur Entgiftung und zum Wecken der «Darmgeister». Bei chronischen Darmerkrankungen angezeigt, weniger während akuten Schüben, wo «Steine nicht verdaut werden können».

Als Grundlage zu selbstgefertigter Zahnpasta geeignet.

Für Lehmwickel über Gelenken, über der Brust, auf dem Bauch und über allen rhythmisch arbeitenden Organen. Dabei wird der Lehm durchtränkt oder vermischt mit den geeigneten Heilkräutern. Der Umschlag kann mit einer Bettflasche gewärmt werden.

Lehmmasken auch im Gesicht bei Hautausschlägen, aber auch bei Erkrankungen der Nebenhöhlen (Stirn- und Nasenhöhlen).

Lehmwickel auf den Unterleib bei Entzündung der Eierstöcke.

Homöopathisch oder als Umschlag auch zur Belebung sklerotisierter Eierstöcke, zur Anregung von Eileiter, Gebärmutter, Prostatadrüse (Vorsteherdrüse) und Darm.

Der Quark, von der Brust für die Brust
bei Entzündungen der Brüste und der Lungen

Quark, ein leicht säuerliches und schwefelreiches Milchprodukt, gewonnen aus der Brust der Kuh, ist das geeignete Heilmittel für Brustentzündungen der stillenden Frau. Magerquark besteht aus bestverträglichem Eiweiß, in dem der Schwefel locker gebunden ist. Der Schwefel entgiftet, die feinen organischen Säuren helfen, die Eiterherde gewebeschonend abzubauen. Quark wird durch einen Abbauvorgang der Milch gewonnen und wirkt selbst abbauend auf Eiterungen. Milchprodukte wirken auf die Brust und die Sexualdrüsen, auf die Prostata des Mannes, bei deren Sekret es sich auch um eine samenernährende Milch handelt. Die Milch der Frau ist eine in den rhythmischen Brustbereich gehobene Sexualflüssigkeit. Talgdrüsen- und Schweißdrüsenabszesse eignen sich auch besonders zur Behandlung mit Quark, da im Schweiß Stoffe des Urogenitalbereichs ausgeschieden werden müssen. Quarkwickel

sind hilfreich bei der Behandlung trockener schmerzhafter Brustfellentzündungen, wo ein Senfwickel zu hitzig und zu stark trocknend wirkt. Was der Senfwickel bei der nassen Lungenentzündung für den Erwachsenen, ist der Quarkwickel bei Bronchitis und Lungenentzündung für das Kleinkind. Quarkwickel eignen sich aber auch für Eileiter-, Eierstock- und Unterleibsentzündungen allgemein. Quark ist, über die Haut wirkend, der sanfte, kühlende und schmerzlindernde Entgifter unserer Lebensmittelapotheke.

Anwendung des Quarks

Bei Akne (Hautausschlägen), Abszessen (Eiterherden), Brustdrüseneiterungen, Bronchitiden, Lungen- und Lungenfellentzündungen.
Bei Entzündungen von Eileiter und Eierstöcken.
Bei Entzündung der Prostata (Vorsteherdrüse).
Innerlich ist der Quark, neben Ei und Fisch, das am besten verträgliche Eiweiß, besonders geeignet zum Wiederaufbau nach Erkrankungen.

Die Seide, das Gewand aus Licht *bei Depression*

Der Sonne entgegen kriecht die Raupe und saugt die Sonnenstrahlen in sich auf. Sie wandelt sie zum Seidenfaden, mit dem sie sich umhüllt. Im Seidengewand beginnt sie von der Sonne zu träumen und erwacht als Schmetterling, geküßt von der Sonne; er möchte in sie hineinfliegen. Vom Samen zum Keimling, zum Stengel, zur Knospe und zur Blüte entfaltet sich eine Pflanze. Vom samenartigen Ei zur stengeligen Raupe, zur in Seide gehüllten Knospe und zur davonfliegenden Blüte wandelt sich der Schmetterling. Wie die Sonne die grüne Pflanze zur Blume metamorphosiert, verwandelt die Seide die Raupe zum Schmetterling. Denn in der Seide hat der weise Sonnenstrahl Gestalt angenommen. Seide ist das Gewand des sich entfaltenden Schmetterlings. Seide ist daher das Gewand des sich entfaltenden Menschen. In Seide gehüllt, kann die Weisheit der Sonne dem Menschen nahetreten und sein Inneres für den Geist der Sonne öffnen. Seide läßt Kinder und Erwachsene in der Sonne aufblühen und dem Licht

entgegentreten. In Wolle eingehüllt, läßt sich gut schlafen. Wolle ist Wärme, Seide ist Licht. In Seide gehüllt, entwickelt das Kind das Tagesbewußtsein. Was Wolle für die Nacht und den Winter, ist Seide für den Tag und den Sommer! Was ist ein Seidenfaden? Ein Sonnenstrahl!

Anwendung der Seide

Zur Bekleidung bei innerer Lichtlosigkeit, bei depressiven Zuständen.

Mit naturgefärbter Seide kann wohltätig in die Aura eingewirkt werden. Hellblau und Lila sind die Farben der Seele, Hellgelb und Weiß die Farben des Geistes.

Ein Seidentuch gehört zum Schutz vor direktem Licht über jedes Kinderbettchen. Selbstverständlich sollen die Kinder mit dem Bauch nach oben und den Armen gegen den Himmel gebettet werden. Aus der Sicht von Orthopäden, die vor allem an die Hüftgelenksluxationen denken, werden weltweit Kinder auf den Bauch gelegt und so während längerer Zeit vom Himmel abgeschnitten. Das macht schon kleine Kinder depressiv. Es ist wichtig, daß Kinder sich dem Spiel des Lichtes im Seidenvorhang hingeben können und nicht ständig ins Dunkle starren müssen. Zur starren Regel soll jedoch auch dies nicht werden. Mit Liebe und Einfühlsamkeit muß die richtige Lage für das Kind gefunden werden.

Gefärbte Seidenstückchen können über Akupunkten zur Regulierung des lebendigen Energieflusses in den Meridianen aufgeklebt werden, womit auch hartnäckige körperliche Spannungen und Blockaden behoben werden können.

Die Wolle, das Gewand aus Wärme *bei Kälte und Verhärtungskrankheiten*

Schäfchenwolken ziehen über den Himmel, Schafherden ziehen über die Weiden. In Schafwolle eingehüllt, trete ich meine Reise ins Traumland an, über die Wolken in die Weiten des Kosmos. In Wolle eingehüllt fällt es mir leicht, in die geistige Welt einzutauchen, denn in der Wolle selbst umhüllen Geist und Seele das Lamm. Denn fragen wir uns, wo die Schafe mit ihrem Geist in Berührung kommen, so ist die Antwort: in ihren Fellen. Dort wird das Schaf vom Geistigen berührt, was das Fell dieses Tieres zum Wärmemantel wandeln läßt. Der Mensch hat das

Geistige und die Wärme ganz in sich aufgenommen, das Schaf wird von ihnen umhüllt und trägt sie äußerlich. Das Wollfett zum Beispiel ist reine Wärme. Es gibt dem Menschen als Hautheilmittel den besten Schutz und vermittelt Heilkräfte aus dem Geistigen. Wärme, Schutz und Umhüllung schenken uns diese Tiere. Das Lamm ist fromm, weil es vom Geist umhüllt ist. Das Lamm ist nicht intelligent. Es ist nicht auf sich selbst bedacht, sondern gibt sich der Herde, dem Wolkentreiben hin im tiefen, unbewußten Vertrauen in die Geistigkeit der Welt, der Wolken und des Himmels. Es beansprucht die Intelligenz nicht für sich, es ist nicht eigenwillig wie die Ziege, sondern gibt sich den Weltgedanken der höheren Hierarchien hin.

Baumwolle ist die Faser einer Pflanze, eines «Kaltblüters», Wolle diejenige eines Warmblüters. Daher entspricht sie der menschlichen, geistbedingten Wärme viel mehr. Kleider aus Schafwolle, Socken, Hosen, Pullover und Hut, entsprechen den menschlichen Bedürfnissen in kälteren Gegenden und zu kalten Jahreszeiten. Die Schafwolle, die vom lebendigen Tier geschoren wird, ist selbst noch lebendig und lebt nach der Schur weiter. Lebendige Schafwolle reinigt sich selbst und kann hundertmal wieder gebraucht werden. Ungereinigte, nicht entfettete Schafwolle ist bei Ekzemen und Hautkrankheiten, als Umschlag direkt auf der Haut getragen, eines der allerbesten Heilmittel. Greifen Sie in die Wolle, so berühren Sie ein rein Seelisch-Geistiges; daher ist die Wolle das beste Abdeckmaterial für alle Umschläge; es ist ein von Krankheit unberührbarer kosmischer Wolkenumschlag. Selbst wenn die ungereinigte Schafwolle noch nach Stall riecht, ist dies bei Hautkrankheiten nicht gefährlich, denn in der lebendigen Wollatmosphäre wird der Mist sofort zu Kompost verwandelt. Es gilt bei der Pflege der Haut wie auch in der Natur ein Urgesetz: daß das Wachstum der schönsten Geranien und Blumen durch Mist ermöglicht wird. Daher übersteigt die Wirkung der völlig ungereinigten Schafwolle, im natürlichen Wollfett eingebettet, bei weitem die Hautheilwirkungen und das Wundheilvermögen gereinigter Wollfettsalben, die im Handel erhältlich sind.

Was ist das geeignetste Bettzeug für den Menschen? Wie soll er schlafen? Eingehüllt in Wolldecken findet er den ruhigsten Schlaf. Die Seele heilt im Wolkenmantel des Schafes. In einer Federdecke ist es schwieriger, zur Gedankenruhe zu kommen, weil der Vogel ein hauptbetontes, sich in ständiger Aktivität befindendes Tier ist. Ein Vogel ist immer wach und beobachtet: Wer pfeift, lebt im Kopf! Dagegen ist ein Lamm ein Wiederkäuer; es ist ganz Bauch und läßt die Gedanken fahren. Warme Wolle ist das Heilmittel bei Schlaflosigkeit und Gedankenunruhe. Wolle besänftigt ichbetonte Menschen und trägt sie im frommen Schlaf in die jenseitigen Gefilde, wo Engel auf die Seele achtgeben.

Beschaffen Sie sich Ihre Schafwolle doch ganz direkt beim Bauern!

Anwendung der Wolle

Bei schlechter Heilhaut, bei Ekzemen (Hautentzündungen), Hautpilzen: unentfettete, ungereinigte Schafwolle direkt auf die Haut legen. Bei Fußpilz zwischen die Zehen klemmen.

Schafwolle zum Abdecken von Umschlägen und Kataplasmen (heißen Breiumschlägen).

Bei Bronchitiden und Lungenentzündung von Kindern und Erwachsenen: die Brustorgane mit einer Wollschicht

direkt einhüllen. Eventuell in Abwechslung mit einem Bienenwachsumschlag, mit Quark- oder Thymianwickel.
Bei Schlaflosigkeit: in Schafwolle einhüllen, ein Schaffell über das Kissen legen.
Bei Unterleibsentzündungen chronischer Art, chronischer Blasenreizung, wiederkehrenden Scheidenpilzen und Erkältungen usw.: wollene Socken, wollene Unterhosen und Wolleinlagen in den Schuhen tragen. Seide erhellt den Lichtleib des Menschen, während Wolle den Wärmeorganismus stärkt.

Die Zitrone, Aufheller der Natur
bei Krämpfen und zur Desinfektion

Träufeln Sie ein wenig Zitrone in den Tee, so verwandelt sich die Farbe des Tees zum klarsten Sonnengelb. Lutschen Sie einen Zitronenschnitz, hellt sich Ihr Lebensleib auf, der Stoffwechsel wird durchlichtet, die Dunkelheit muß in Körper und Seele der Sonne Platz machen, der Mensch wird aufgehellt. Die Lebewelt der Dunkelheit, Bakterien, Viren und Pilze, müssen dem Zitronenlicht weichen. Sie werden geblendet durch konzentriertestes Sonnenlicht. Da liegt der Grund für die antimikrobielle Wirkung der Zitrone. Die Sonnenwirkung berührt auch die Seele und heilt innere Lichtlosigkeit bei Depression. Dazu genügt es, täglich ein wenig frisch gepreßten Zitronensaft vor der Hauptmahlzeit einzunehmen. Die Zitrone wird überall verwendet, wo die Speise vor dem Braunwerden geschützt werden soll. Zitrone ist bester Oxidationsschutz und verhindert das «Rosten» der Lebensmittel. Biochemisch be-

wirkt die Zitronensäure über den Zitronensäurezyklus, daß sich die Stoffe lichtvoll lebendig ineinander wandeln können. Der Zitronenstoffwechsel ermöglicht der Seele ein lichtvolles Eingreifen in den Stoffwechsel. Die Zitrone ist nämlich ein Lockmittel für die Seele. Wo Zitronensäure ist, schnappt die Seele zu und will zusammenziehen. Schauen Sie in das Gesicht eines Menschen, der in eine Zitrone beißt! Die ganze Tätigkeit der Seele wird dabei sichtbar. Legen Sie bei Krämpfen eine Zitronenscheibe äußerlich auf; so läßt die Seele das Organ unverzüglich los und stürzt sich auf den Zitronensaft; sie konzentriert sich auf das Äußerste der Haut und auf die Schweißdrüsen, die jetzt zusammengezogen werden, wobei der innerliche Krampf sofort nachläßt. Die hautreinigende und fiebervertreibende Wirkung der äußerlichen Zitronenwaschungen beruhen auch auf diesem Phänomen. Bei Magen-, Darm-, Gallen- oder Nierenkolik verordne ich, Zitronensaft auf die verkrampfte Stelle zu träufeln, und bitte darum, mich nach Ablauf einer Stunde über die Wirkung zu benachrichtigen. Der erwartete Anruf trifft meistens schon früher ein mit der freudigen Mitteilung, daß ein sofortiger Hausbesuch und Schmerzmittel nicht mehr nötig seien.

Hinter der Zitrone versteckt sich aber noch ein weiteres Geheimnis. Schauen Sie sich das polare Gegenstück zur Zitrone in der Pflanzenwelt an! Betrachten Sie die Gräser, den Haselstrauch oder die Birke mit ihren gelben Zöttelchen voller Pollen, die vom Winde verweht werden, all die Windstäuber, auf die der Heuschnupfenpatient, Asthmatiker und Ekzematiker allergisch ist. Die Pollen dieser Pflanzen, die aus lebendigsten Eiweißen bestehen, vermag der Mensch nur dank konzentriertester Magensäure und besten Bauchspeichel- und Gallensäften zu verdauen. Sind die Verdauungssäfte schwach, so wird der Mensch selbst durch die blühende Natur zum Blühen und Ausschlagen gebracht; Ekzeme und Allergien blühen auf! Es empfiehlt sich daher, bei Pollenallergien mit einem kleinen, konzentrierten Zitronensaft die Magensäure zu unterstützen, zu versammeln und nicht etwa mit irgendwelchen Getränken vor oder während des Essens zu verwässern. So kann wenigstens das mit dem Essen aufgenommene Eiweiß gut verdaut werden. Wenn Sie als Allergiker abends viel Eiweiß (Fleisch, Käse, Eier, Quark, Soja usw.) zu sich nehmen, müssen sie am folgenden Tag mit einem Allergieschub rechnen; denn die eiweißhaltigen Allergene bringen am folgenden Tag das Faß zum Überlaufen. Die Zitrone ist das Gegenteil eines Windstäubers und gehört zu den Lederschalenfrüchten, die ihre Samen mit einer ledrigen Schale gegen außen abschirmen. Dieses Prinzip gleicht aus, was durch die Pollen aufblüht. Zitrone ist Zusammenziehend und hilft, den bei Heuschnupfen auslaufenden Wasserorganismus zu beherrschen. Zitrone ist Abgrenzungsprinzip der Natur und hilft, Gefäße, Zellmembrane und Schleimhäute abzudichten. Im Weißen der Zitronenschale findet sich eine Substanz, die in ihrer Wirkung dem Kortison nahesteht, jedoch nicht schädigt

Zitrone grenzt ab, zieht zusammen, baut Substanzen und Ablagerungen ab und durchlichtet. All diese Wirkungen eignen sich zur Behandlung übergewichtiger Personen, denen eine Zitronenkur zu empfehlen ist.

Wer in eine saure Zitrone zu beißen vermag, wird durchlichtet und geheilt. Wer mager ist wie ein Zitronenstrauch und unter zuviel Magensäure leidet, benütze die Zitrone äußerlich.

Die Zitrone ist das wichtigste Schmerz-, Krampf- und Depressionsheilmittel aus der Küche und unser effektivstes Antibiotikum bei allen Arten von Entzündungen und Erkältungen.

Anwendung der Zitrone

Bei Ohrenentzündung: Zitrone ins Ohr träufeln. Dies nimmt den Schmerz und wirkt gleichzeitig antibiotisch. Verträglichkeitskontrolle am eigenen gesunden Ohr vornehmen. Bei akuter Entzündung drei- bis fünfmal täglich während ein bis drei Tagen.

Zur Dauertherapie im Falle einer Mittelohrentzündung eignet sich anschließend frisch gepreßtes Olivenöl, in das eine frische Levistikumwurzel (Maggikraut) eingelegt werden kann.

Bei Schnupfen: Zitrone mit Wasser verdünnt durch die Nase einziehen.

Bei Heuschnupfen: Nasentampon mit der ausgeschälten weißen Schicht der Zitronenschale anwenden.

Bei Ekzem (Hautentzündung): Weiße Schicht aus der Zitronenschale direkt auf die Haut legen.

Bei Halsweh und Erkältungen: Zitrone in Scheiben schneiden, Scheibe um Scheibe langsam lutschen.

Bei entzündeten Wunden, Hautrissen, Brustrissen, Wundentzündung usw.: Mit Zitrone betupfen.

Bei Hautunreinheiten und Akne (Hautausschlag): Zitronenwaschungen.

Bei Abwehrschwäche, Rekonvaleszenz, Fieber: Zitronensaftkur.

Bei Blutarmut und Eisenmangel: Zitronenapéro.

Bei Depression (Niedergeschlagenheit): Zitronensaft täglich mit Honig.

Bei Migräne: Im akuten Stadium Kaffee mit Zitrone und Salz einnehmen oder auch äußerlich Zitrone auflegen. Über die Nieren kann ein Senfwickel gelegt werden, oder man schröpft die Lendenregion beidseits der Wirbelsäule. Ein Fußbad kann alleweil Linderung bringen.
Zur Abmagerung: Zitronensaftkur.
Bei Krämpfen aller Art (Magen-, Darm-, Gallen-, Gebärmutter- und Nierenkoliken, Asthma- und Herzkrämpfe, Muskel- und Gefäßkrämpfe): Zitronenwickel umlegen oder auch einfach Zitronensaft einreiben.
Für Bäder und Wickel kann gelegentlich auch Essig verwendet werden. Dem Essig fehlt aber die antidepressive Wirkung, die so wertvoll ist.

Die Zwiebel, Schleimhaut in der Natur
bei Schwellungen und Stau

Ätherischer Stau im Stengelbereich, wäßrige Schwellungen in der Knolle, das stellt die Zwiebel als Pflanze dar. Schleimig, wäßrig ist der Zwiebelsaft, und er wirkt dorthin, wo der Körper verschleimt und wäßrig gestaut ist – insbesondere da, wo die Organstrukturen selbst Röhrchen sind, denn die Blätter der Zwiebel sind ihrerseits hohl. Die Bronchien der Lungen, die Tubuli der Nieren, die Ohr- und Nasengänge sind mit Schleimhaut ausgekleidete Röhrchen, die leicht verstopfen und so zu Bronchitis, Stirn- und Nebenhöhlenentzündungen, zu Nierenentzündungen und infolge der schleimigen Anschwellung sogar zu Harnversagen führen. Ja selbst die zwiebelschalenartig angeordneten Knochenkanälchen sind mit Schleimhaut ausgekleidet.

Die Zwiebel heilt Knochenbrüche. Für die Zwiebel ist es ein normaler Zustand, gestaut zu sein. Wenn der Mensch durch Krankheit innerlich zur Zwiebel wird, muß die Zwiebel für diese besondere Situation herangezogen werden. Sie weiß, wie mit Schleim umzugehen ist, vor allem auch, wenn dieser zäh verstockt ist, denn die brennende, stechende Schärfe ihrer schwefligen Säfte vermag diese aufzuweichen, aufzukochen, aufzulösen und schließlich die Bakterien abzutöten.

Lilien, zu denen die Zwiebel gehört, sind kosmische, geistdurchtränkte Pflanzen, die sich noch gar nicht recht in der Erde verwurzelt haben, denn richtige Wurzeln besitzen sie nicht. Sie sind Pflanzen gewordene kosmische Schwefeltautropfen, in die Erde gedrückt, zum Bersten gefüllt mit Himmelskräften. Die Erdstoffe werden durch diese Lilien zum blendenden Weiß ihrer Blüte gereinigt. Schon in ihrer Gestalt, der Tropfenform, kommt die merkurielle, dem Quecksilber ähnliche Wirkung zum Vorschein. So läutert und reinigt die Zwiebel den Menschen und verleiht selbst seinen Knochen ihre Formkräfte.

Anwendung der Zwiebel

Bei Mandel-, Rachen- und Halsentzündungen, Nasennebenhöhlen- und Ohrenentzündungen, Bronchitis (Brustentzündung), Lungenentzündung: Lokale Zwiebelwickel anwenden.

Bei Nieren- und Blasenerkältungen, Harnversagen: Nierenregion mit angeschnittener Zwiebel einreiben.

Bei rheumatischen Leiden, bei Schulterschmerzen und Bewegungsbehinderung, Halsverrenkungen, Tennisarm und Ellbogenschmerzen, Rückenschmerzen, Becken- und Hüftschmerzen.

Bei Schleimbeutelentzündungen, Gelenkschwellungen, Schleimhautschwellungen.
Zur Heilung von Knochenbrüchen.
Bei Bienen-, Wespen-, Mückenstichen zur Schwellungs- und Juckreizverhinderung und zur Entgiftung.
In all diesen Fällen kann eine frisch aufgeschnittene Zwiebel aufgelegt werden.

Zwölf Heilpflanzen zur äusseren Anwendung. Ein sinnvolles Hand- oder Fussbad

Warum meine Vorliebe für Hand- und Fussbäder?

Die Hand kommt vom Herzen, mit der Hand ist der Mensch aufbauend, schöpferisch tätig. Ein Handbad fördert die aufbauenden, die blutbildenden Prozesse im gesamten Körper.

Auf den Füßen ist der Mensch sozusagen «abgelagert». Ein Fußbad mobilisiert in ihm alle Ablagerungen und wirkt im ganzen Körper auf die Ausscheidungsprozesse fördernd.

Der Mensch ist ein dreigliedriges Wesen, welches aus dem Gliedmaßen- und Stoffwechselsystem, dem rhythmischen System und dem Nervensinnessystem besteht, einfach gesagt: aus Bauch, Brust und Kopf. Einerseits ist das Gliedmaßen-Stoffwechsel-System eine echte Polarität zum Kopf als Hauptsitz des Nervensinnessystem; daher sind alle Kopfkrankheiten über die Glieder beeinflußbar. Alle Stauerscheinungen am Kopf lassen sich über ein Hand- oder ein Fußbad ableiten. Das Gliedmaßen-Stoffwechselsystem ist aber selbst in sich polar; Sie wissen selbst: Wer die Gliedmaßen nicht gebraucht, wo Hände und Füße, Arme und Beine brachliegen, stellen sich Stoffwechselkrankheiten ein. Umgekehrt beobachten Sie, wenn ein Säugling verdaut und «stoffwechselt», wie all diese inneren Vorgänge durch eigentümliche, peristaltikähnliche Bewegungen von Armen und Beinen bis hin zu den Finger- und Zehenspitzen begleitet werden. Hand- und Fußbäder regulieren alle Stoffwechselvorgänge im Körper! Wer darüber Genaueres wissen will, orientiere sich vielleicht an den Energieverläufen auf den Meridianen, wie sie in der chinesischen Medizin gelehrt werden und wie sie auch heute noch genau nachvollzogen werden können.

HANDBAD

Über die Hand in die Finger verlaufen:
Herzmeridian, Dünndarmmeridian, Dreierwärmermeridian, Meridian von Kreislauf und Sexualität, Dickdarmmeridian, Lungenmeridian. Diese Energieströme fließen an den Fingerspitzen ineinander über. Durch ein Handbad wird dieses Fließen gefördert; mit einem Handbad von zehn bis fünfzehn Minuten Dauer können all diese Ströme und Energien zum Wohle der genannten Organe gefördert werden.

FUSSBAD

Dasselbe gilt für das Fußbad.
Über den Fuß verlaufen: Nierenmeridian, Milz-Bauchspeicheldrüsen-Meridian, Lebermeridian, Gallenblasenmeridian, Magenmeridian, Blasenmeridian. Mehr darüber steht im Buch von Kuan Hin: «Chinesische Massage und Akupressur» (erschienen bei Hallwag).
Fünfzehn Minuten in einem Becken die Füße baden enthebt Sie von der Schwere und erquickt all die aufgezählten Organe, aber auch all die Körperpartien, über die die Meridiane verlaufen.
Gönnen Sie sich auch einmal eine Viertelstunde Ruhe? Kombinieren Sie Hand- und Fußbad mit einem sinnvollen Tee, mit einem passenden Homöopathikum und ergänzen Sie dies noch mit einer Heilanwendung aus der Küche, zum Beispiel einem Zwiebelwickel, so entsteht ein Paradies von sich durchflutenden heilenden Energien im Körper,

der Ihrem sonnigen Geist anvertraut ist. Für einen Krankheitsdämon kann es dabei leicht ungemütlich werden, so daß er sich bald - sich sträubend und den Rücken hinaufschaudernd - daranmachen muß, das «Lokal» zu verlassen. Im übrigen nennen Sie ihn auch gleich beim Namen und weisen Sie ihn mit dezidierten lauten Worten woanders hin. Durchstrahlen Sie ihren Körper in Gedanken mit Sonnenlicht, Wärme und Liebe und denken Sie, wenn der Krankheitsdämon auch noch was abbekommt davon, so soll es ihm gut tun!

Ein Vorschlag für Tage völliger Gesundheit, um eine Viertelstunde Ruhe zu finden und um Krankheiten vorzubeugen:

Samstag: Fußbad mit Rosmarin zur Erwärmung.

Sonntag: Handbad mit Johanniskraut für Sonne im Herzen.

Montag: Fußbad mit Lärchennadeln für die Durchlichtung.

Dienstag: Handbad mit Thymian für die Durchatmung.

Mittwoch: Fußbad mit Lavendel für Ruhe und Besonnenheit.

Donnerstag: Fußbad mit Schafgarben zur Belebung von Leber und Lebensleib.

Freitag: Fußbad mit Schachtelhalm zur Stärkung von Nieren und Seelenleib.

Eine Anleitung zur Herstellung der Tinkturen und für die Zubereitung der Hand- und Fußbäder finden Sie im Kapitel «So einfach und so heilsam» auf den Seiten 224 ff.

Johanniskraut Pflanze gewordenes Sonnenlicht *für die Nerven und bei Depression*

Johanniskraut macht Tier und Mensch empfindsam für das Licht. Das Johanniskraut blüht am Johannistag, mitten im Sommer, wenn die Lichtkräfte am stärksten einwirken. Fressen Tiere zuviel Johanniskraut, werden sie sonnenallergisch und hitzeempfindlich. Johanniskraut gedeiht in der größten Sommerhitze und bildet in seinen Blättern ein hochwirksames Öl. Dieses ist brennbar, ist Hitze und Licht. Die Öldrüsen der Blätter sind im Gegenlicht als tausend kleine «Löchlein» sichtbar, deshalb der Beiname «perforatum». Johanniskraut verholzt in seinem Stengel und wird deshalb auch Hartheu genannt. Holz ist hier Ergebnis eines Versengungs- und Ausdörrungsprozes-

Hypericum perforatum

ses des heißesten Sommers. Johanniskraut kann im versengten Zustand Leben entfalten. Hypericum ist die Heilpflanze bei Verbrennungen, die Heilpflanze bei Lichtunempfindlichkeit des Menschen: bei der Depression.

In der gelben Knospe des Johanniskrauts färben sich die Staubgefäße feuerrot, besonders dann, wenn der Mars im Sommer alleine am Nachthimmel steht. Pollen sind die Feuerschiffchen einer Pflanze, mit denen sie in den Kosmos fliegt. Im roten Farbstoff verbinden sich die Feuergeister des Mars mit dieser Heilpflanze. Johanniskraut macht daher nicht nur den Organismus wieder auf das innere und das äußere Licht aufmerksam, sondern vermittelt ihm zusätzlich die Kraft, wieder etwas zu tun. Es ist das Heilmittel bei Antriebslosigkeit. Johanniskraut ist Aktivität, Abwehrkraft, Galleprozeß und vermittelt dem Menschen wieder eine Portion cholerisches Temperament.

Öl ist galletreibend. Rot bringt das Licht des Eisens in die Galle. Johanniskraut ist Aktivität, ist lichtgesteuerte Dynamik. Im Johanniskraut vereinen sich die Lichtkräfte der Sonne (grün) mit denen des Jupiters (gelb, Leber) und dem Rot des Mars (Galle) und wandeln sich bis zur inneren Wärme des Saturns (Milz) in Holz und Öl.

Der Ausdörrungsprozeß zum Hartheu ist derselbe Saturnprozeß, der unser peripheres Nervensystem aus dem Astralleib herauskristallisieren läßt - derjenige Bereich des Nervensystems, der ins Stoffwechsel-Gliedmaßen-System führt, genauso wie der verholzte Stengel, der zum Blütenstoffwechselbereich dieser Pflanze überleitet. Johanniskraut ist daher Heilmittel für jegliche Verletzung des peripheren Nervensystems, so wie die Arnikawurzel die Heilpflanze für das zentrale Nervensystem von Hirn und Rückenmark ist.

Das Johanniskraut, im Winter bei Blasenentzündung oder -schwäche lokal aufgelegt, vermittelt sommerliche Wärmekräfte in diese Mondregion des Körpers. Johanniskraut ist derjenige Künstler unter den Heilpflanzen, der mit Licht, Hitze und Verbrennungen umzugehen vermag; es ist daher auch unser bestes Mittel bei Sonnenbrand. Johanniskraut ist Pflanze gewordener Versengungsprozeß der abbauenden äußeren Planeten.

Anwendung des Johanniskrauts

Stärkt die Nerven. Fördert deren Regeneration bei Verletzung.
Bei Ischias und Gürtelrose. Johanniskraut wirkt auf die peripheren Nerven, Arnika eher auf das zentrale Nervensystem.
Bei allen Versengungs- und Verbrennungsprozessen durch Sonne, Säuren usw. Zur Nachbehandlung von Sonnenbrand, bei Sonnenallergie.
Stärkt und dynamisiert Nerven und Organfunktionen, im Gegensatz zum Lavendel, der beruhigt.
Dynamisiert Herz- und Gallenkreislauf.
Trägt Sonnenkräfte in die Organe. Reguliert den Lichtstoffwechsel sowohl im Physischen wie im Psychischen.
Wirkt gegen die Lebewelt der Dunkelheit, gegen lichtempfindliche Bakterien, und ist somit antitetanisch (Starrkrampf-hemmend) wirksam bei Stich- und Schnittverletzungen.
Hilft bei seelischer Dunkelheit: der Depression.
Bringt bei kurmäßiger Anwendung ausgedörrte Organe wieder zur Quellung: Zwischenwirbelscheiben, vertrocknete Gelenksschleimhäute, Schleimhäute.
Hilft bei Magensäure. Reguliert alle Verdörrungsprozesse.

Lärche
Lichtbaum der Berge
für die Augen

Hoch oben in den Bergen werden wir jeden Frühling Zeuge eines erstaunlichen Vorgangs: Auf den Bäumen beginnt Gras zu wachsen. Es sind die Lärchen, aus deren Knospen erfrischend grüne Nadeln sprießen. Nadelbäume, die sich jeden Frühling mit einem neuen Nadelkleid beleben! Diese belebende Kraft, dieser Frühling im Holz läßt, äußerlich angewendet, auch unsere Sinnesorgane sich entspannen, läßt sie sich vom Winter erholen. So überwindet in den Bergen die Frühlingssonne die Verdichtungs- und Vereisungstendenzen des Winters.

Die Lärche ist ein dem Licht zugewandter Baum. Die strahligen Nadelbüschel sind in den Baum hineinge-

Larix decidua

wachsene Sonnenstrahlen. Die Lärche ist Licht- und Sinnesorgan der Berge. Sie belebt unser Lichtsinnesorgan, das Auge. Vom Zarthellgrün verwandelt die Lärche ihr Kleid zum gelblich, dann orange bis violett scheinenden Strahlenpelz. In der zu Beginn rötlichen Rinde, in der die Strahlkraft des Lebens zum Ausdruck kommt, verwandelt sich die Farbe bis ins Tiefviolett der beginnenden Winternacht. Sie durchwandert in ihrer Farbenpracht den ganzen Regenbogen, sie ist ein im Pflanzenreich inkarnierter Regenbogen. Sie vermittelt so dem Auge die Licht- und Farbenkraft der Natur. Die belebende Frische des Lärchenharzduftes bringt nicht nur Entspannung ins Auge, sondern läßt auch Fröhlichkeit und Leichte in Atmung und Herz aufkommen. Die Lärche stärkt die Sonnenkraft unseres Herzens, die aus unseren Augen strahlt.

Anwendung der Lärche

Erfrischt, belebt und entspannt Augen, Schläfen und Stirn, aber auch Herz und Atmungsorgane.
Bei allen degenerativen Prozessen im Sinnes- und Nervenbereich.
Bei Arteriosklerose, bei Schlafstörungen, zur Ablenkung der Gedanken durch den erfrischenden Lärchengeruch und ihre Umschlagswirkung (über Stirn und Nase legen). Trägt Licht in die Gedanken. Erfrischt die Atmung.
Bei allen chronischen Erkältungskrankheiten im Atmungsbereich. Bei chronischem Schnupfen als Nasentampon, bei Bronchitis als Lungenumschlag.
Bei allen rheumatischen, degenerativen Prozessen.
Ihre Hauptwirkung: Erfrischung und Entspannung der Augen und des Gedächtnisses. Nicht in die Augen träufeln, nur über geschlossene Augen legen.

Lavendel
Pflanze gewordener Himmel
für den Kopf zur Beruhigung

Ein Lavendelfeld ist Pflanze gewordener Himmel, der sich auf die Erde gesenkt hat und über dünne, lange Stengel eine lockere Verbindung mit dem Leben der Pflanzenwelt eingegangen ist. Berühre ich ein Lavendelfeld, berühre ich den Himmel. In der Blüte wird eine Pflanze vom Seelischen berührt. Der Lavendel setzt seine Blüte weit aus

Lavandula officinalis

sich hinaus durch einen langen Stengel, der sich klar und in regelmäßiger Distanz von der grünen Staude absetzt. Diese lockere Verbindung bewirkt, als Heilpflanze angewendet, Lockerung der Verbindung von Seele und Leib. Dieses Hinaussetzen des Seelischen bewirkt Schmerzlinderung, denn Schmerzen entstehen durch Verkrallung der Seele im Leib. Der Lavendel vermag die Seele wieder zu lockern, den Schmerz wieder freizugeben. Blüte und Staude, Seele und Leib werden durch den aufrechten, der Sonne entgegenstrahlenden Stengel klar auseinandergehalten und über die aufrechte Ichgeste geordnet. Pflanzen machen Eurythmie. Die Sonne als Träger des Ichs ordnet das Eingreifen des Seelischen ins Lebendige. Der Lavendel kann diese Kräfte vermitteln und gliedern.

Blaue Farbe gibt in der Malerei Raum - das Blau des Lavendels gibt den Schmerzen Raum. Das Blau führt vom bewußten Raum in den unbewußten Gegenraum. Das Gegenteil des Raumes ist nicht kein Raum, sondern der Gegenraum, wo sich die unsichtbaren Wesenheiten der geistigen Welt aufhalten. Das Blau führt das räumlich Zeitliche ins gegenräumlich Gegenzeitliche über. Dieser Übergang findet beim Einschlafen, beim Sterben und bei Ohnmachten statt. Daher eignet sich der Lavendel zur Behandlung von Einschlafstörungen und zur Beruhigung. Dies wird im beruhigenden Duft des Lavendels erlebbar. Lavendeldüfte tragen Geist und Seele ins Jenseits, wo sie sich erholen können.

Anwendung des Lavendels

Zur Beruhigung der Nerven und aller Organe, wie Herz, Magen, Darm, Blase und Sonnengeflecht. Letzteres ist das Nervengeflecht im Bereich des Magengrübchens, über das

alle Eingeweide und Bauchorgane miteinander in Verbindung stehen. (Es ist der Sitz des Ichs, so wie das Rückenmark das Haus des Astralleibes und das Gehirn das Haus des Ätherleibes ist.)
Bei Nervenreizungen körperlicher und seelischer Art.
Bei Einschlafstörungen über Stirn und Nase legen.
Bei Kopfschmerzen, hohem Blutdruck und nervösen Herzstörungen.
Zur Beruhigung erregter Kinder und Erwachsener.
Zur Linderung von Juckreiz, bei Insektenstichen und Bissen giftiger Tiere. Vorbeugend als Mückenschutz und zur Infektprophylaxe: dazu Körper mit Lavendeltüchlein abreiben.
Zur Linderung jeglicher Schmerzen.
Bei Ohnmachten zum Riechen geben. Am Sterbebett.

ROSMARIN
PFLANZE GEWORDENE WÄRME
für Milz und Bauchspeicheldrüse

Der Rosmarin enthält unter allen Pflanzen mit ätherischen Ölen das leichteste Öl. Wäre der Rosmarin nicht derart gut im Boden verwurzelt, würden ihn die ätherischen Öle in den Himmel tragen. Diese gehören in den Himmel, sind flüchtig. In den blauen Blüten verrät der Rosmarin seine Herkunft. So ist der Rosmarin ein Strauch, der durch Leichte und nicht durch Schwere ergriffen ist. Die gerade in den Himmel emporschießenden

Rosmarinus officinalis

Zweige mit den länglichen, dem Himmel zustrahlenden nadelartigen Blättern zeigen diese starken Auftriebskräfte an. Die ätherischen Öle des Rosmarins sind voll von Wasserstoff, dem leichtesten Element im Periodensystem. Der Wasserstoff ist auch das brennbarste Element hier auf Erden. Wasserstoff ist Feuerstoff, ist reinste inkarnierte Wärme. Dieser Wärme gibt sich der Rosmarin hin, diese Wärme vermittelt er dem Körper. Rosmarin ist Pflanze gewordene Wärme.

Alle degenerativen und Verkrampfungskrankheiten werden durch Wärme geheilt. Das läßt sich so erklären, daß durch Wärme und Feuer Irdisches aufgelöst wird. Alle Degenerations- und Erkältungskrankheiten, alle Erkrankungen, die mit Zusammenziehungen und Krämpfen einhergehen, gehören in die Domäne des Rosmarins. Denn die Wärme dieser Heilpflanze überwindet die Schwere, löst degenerativ Verhärtetes auf. Die ätherischen Öle sind beim Rosmarin in den Blattbereich hinuntergezogen. Die Blätter gehören dem rhythmischen Teil einer Pflanze an. Die Milz ist das Organ, das die Rhythmen der Außenwelt mit denen des Körpers ausgleichen und koordinieren muß. Der Rosmarin trägt die Wärme in den rhythmischen Milzbereich des Menschen hinein.

Anwendung des Rosmarins

Zur Stärkung der Milz und ihrer gekoppelten Organe: Bauchspeicheldrüse (Pankreas) und Magen.

Zur allgemeinen Erwärmung und Entkrampfung.

Bei allen allergischen und infektiösen Immunschwächekrankheiten. Bei leukämischen und krebsartigen Erkrankungen.

Zur allgemeinen Anregung der Durchblutung.

Bei Milzveränderungen, Seitenstechen, Diabetes (Zuckerkrankheit), Magenkrämpfen, Stein-im-Magen-Gefühl; bei Rückenverspannungen, Wadenkrämpfen, Krämpfen bei Sportverletzungen.
Bei Erkältung der Unterleibsorgane, von Blase und Gebärmutter, bei rheumatischen Erkältungen und Schmerzen.
Bei tiefem Blutdruck.
Zur Anregung des Hautstoffwechsels als Grundlage für gesunden Haarwuchs.
Zur Erkältungsvorbeugung: Waschung mit Rosmarin.

ROSSKASTANIE
SCHATTENBAUM DER EBENEN
für die Venen

Kastanienbäume sind die besten Schattenspender. Kein bißchen Licht lassen sie auf die Erde durchdringen. Die Kastanie ist der Baum, der sich mit der Dunkelheit am meisten auseinandersetzt. Das Äskulin, ein Stoff von der Kastanie, ist ein Lichträuber. Äskulin absorbiert das chemisch aktive ultraviolette Spektrum. Als sehr düsterer, dunkler und schattenspendender Baum ist der Kastanienbaum jedoch in der Lage, in großer Dunkelheit Lebenskräfte zu entwickeln. Die Fluoreszenzeigenschaften des Rindensaftes gleichen denjenigen des Fluorites. Durch beide wird das Licht in die Schwere gezogen: Kurzwelliges, unsichtbares, noch kosmisches Licht wird in sichtbares

Aesculus hippocastanum

irdisches Licht verwandelt. Der Kastanienbaum kann den menschlichen Lichtorganismus bis in die Schattengebiete des erstarrenden Körpers stärken, bis ins dunkle, venöse Blut, in die schwarzen Hämorrhoidalknoten, bis in Zähne und Knochen hinein.

Im Kastanienbaum findet aber auch der rhythmische Kampf mit der Schwerkraft statt. In den Himmel schießen die Sprossen, der Schwere verfallen die Äste. Vertikale Schößlinge werden zu horizontalen, schattenspendenden Ästen. Stellt man sich den zeitlichen Wachstumsverlauf dieses Baums vor, so entstehen rhythmisch rudernde Bewegungen. Diese Dynamik zeigt uns die Heilwirkung auf das rhythmisch tätige Bewegungsgliedmaßensystem an.

Auch in der Knospe des Blattes wird das Eingreifen der Kräfte der Schwere sichtbar: Die klebrigen Harze der Knospenhülle sind nichts anderes als durch die Schwere ergriffene Blütenaromen. Die rotblühende Kastanie ist besonders von Marskräften durchtränkt, die bei rheumatischen Leiden ihre Heilkraft entfalten. Der spiralig verschraubte Baumstamm verrät uns, wie der Roßkastanienbaum den Sonnenlauf in sich einströmen läßt und die Erdenschwere selbst bis ins mineralisch verdichtete Holz zu überwinden vermag. Dieser Heilbaum schenkt uns Bewegung und Beweglichkeit.

Die lichtdurchfluteten, hellen Kerzen verwandeln ihr Dasein in dunkle, dem Boden zugewandte Samen. Licht und Dunkelheit, Leichte und Schwere wechseln in rhythmischem Wechsel. So vermag die Kastanie den Stoffwechsel neu zu durchlichten, den Stoffwechsel im rhythmischen Bewegungsapparat wie auch den Stoffwechsel im venösen Blut. Er verleiht dem Blut Licht und Auftriebskräfte. Dies macht die Kastanie zum Heilmittel Nummer eins bei venösen Stauungen, wo das Blut der Schwere verfallen ist und sich zu dunklen, kastanienähnlichen Klumpen zusammenballt.

Gesundes, luftbeladenes Blut schäumt. In Wasser eingelegte Roßkastaniensamen schäumen wie ein Pferd. Roßkastanien heben die Schaumkraft des Blutes. Roßkastaniensamen sind komprimiertes Shampoo. Schaum belebt den Körper. Eine Blase ist in Wasser eingeschlossene Luft, im Wasser eingefangene kosmische Leichte. Blasen sind Luftballone, die Schweres wieder dem Himmel entgegentragen. Durch die siliziumhaltigen Stacheln der Samenkapseln dringen diese Licht- und Leichtekräfte bis in die dunklen, schweren Samen, die für die Erde bestimmt sind. Diese Riesensamen beschäumen und belichten den mineralisch verdichteten Boden. Die Kastanie eignet sich daher zur Behandlung von Ablagerungskrankheiten in Blut, Knochen und Haut.

In den schaumbildenden Tensiden der Kastaniensamen zeigt sich eine Kraft, die danach trachtet, Organismen zu bilden. Stoffe mit hoher Oberflächenspannung wollen Zusammenhängendes bilden. Blasen sind kleine Lebewesen, in denen alles mit allem im Zusammenhang steht. Eine Blase mit Loch ist nicht vorstellbar. Sofort wird sie das Loch schließen, um wieder ganz zu werden. In den Tensiden ist die Kraft zur Ganzheit verborgen. Wenn bei rheumatischen Ablagerungen Stoffe aus der Ganzheit fallen, tragen die Kastanien die Kraft in sich, wieder Organismus zu bilden. Jeder Organismus ist mit einer geschlossenen Haut versehen. Die Kastanie ist deshalb auch Heilmittel für unsere Haut.

Die Schaumkräfte der Roßkastanie vermögen so Schweres, zur Erde Gefallenes wieder aufzurichten, Durchlöchertes wieder zu dichten. Dies liegt der gefäßabdichtenden Wirkung zugrunde. Bei Verstauchungen kann so eine zu starke Anschwellung verhindert werden.

Der Kastanienbaum ist sichtbar gewordene Polarität zwischen Blut und Knochen, zwischen Schwere und Leichte, zwischen Licht und Dunkelheit. Als Schattenbaum der Ebenen ist er das Gegenteil der Lärche, des Lichtbaums der Berge.

Anwendung der Rosskastanie

Mobilisiert alle Ablagerungen in Blut, Knochen, Gelenk, Bindegewebe (Rheuma) und Haut (Ekzeme).

Bei Venenentzündungen und Thromboseneigung, bei venösen Durchblutungsstörungen auch im Knochenbereich, nach Brüchen und Operationen.

Zur Venenabdichtung und Schwellungsverhinderung bei Verstauchungen, Zerrungen und Distorsionen.

Beim Sudeck-Syndrom (Ernährungsstörung des Gewebes nach Knochenbrüchen).

Bei Hämorrhoiden und Pfortaderstauungen.

Bei den Darmkrankheiten Morbus Crohn und Colitis ulcerosa.

Reguliert alle venösen Durchblutungsstörungen.

Sauerklee
Pflanze gewordenes Frühlingslicht
bei Bauchweh und bei Schock

Der Sauerklee bringt lichtes, frühlingshaftes Grün ins Dunkel des ersterbenden Waldbodens. Wo kein Gras mehr wächst, wo das Licht die Pflanzenwelt nicht mehr zum Leben erweckt, gelingt es dem Sauerklee, Seelenlichtkräfte heranzuholen, zu assimilieren. Die Assimilation geschieht mit dem Magnesium des Chlorophylls. Der Sauerklee vermag das Licht wieder ins Dunkel zu ziehen, die Seele wieder dem Körper einzuverleiben. Oxalis, der Sauerklee, öffnet den physischen Leib den Lichtseelenkräften. Sauerklee ist aktivstes Magnesium, das sich zum Eisen hingezogen fühlt. Magnesium ist das passive, empfangende Licht, das uns aus den unschuldigen Augen der Kinder entgegenstrahlt. Eisen ist das aktive Licht, dank dem der Mensch zur Tat schreiten kann. Das Licht des Eisens leuchtet im zur Tat entschlossenen Blick des erwachsenen Menschen.

Oxalis acetosella

Dies ist bis in die Chemie hinein zu verfolgen: Um Rostflecken zu reinigen, benutzt man Kleesalz. Diese Eigenschaften zeigen uns, wie der Sauerklee die Fähigkeit hat, als Heilmittel im Menschen das Seelische oder, anders gesagt, den Astralleib richtig in die Stoffwechselorgane hineinzuführen, zu inkarnieren. Bauchkrämpfe zeigen an, daß sich die Seele nicht richtig ins Organ einfügen kann. Oxalis ist der Portier, der die Seele in ihre Wohnung, den Körper, hereinläßt, vor allem dort, wo sich der Stoffwechsel zum Eisen hinwendet. Der abbauende Marsimpuls regiert die Galle, aber auch den Eiweißabbau durch die Bauchspeicheldrüse. Gallenkoliken und Bauchkrämpfe, aber auch Muskel- und Gefäßkrämpfe sind daher die Domäne des Sauerklees.

In Muskel und Gefäßen öffnet er ebenfalls die Tür, damit der Astralleib nicht von außen her diese Organe bedrängt, sondern sich richtig hinein in die Blutflüssigkeit und den Muskel begeben kann. Dort wird er vom Eisenmarsimpuls zur sinnvollen Tat gelenkt. Der Sauerklee findet sich vor allem zu Füßen vermodernder Baumstrünke. Er trägt dazu bei, das anorganisch Zerfallende wieder dem Leben zugänglich zu machen. Er ist somit entscheidend an der Humuswerdung beteiligt: Ohne Sauerklee und ohne Ameisen mit ihrer der Kleesäure verwandten Ameisensäure würde der Waldboden verfaulen und stinken.

So hilft der Sauerklee mit, daß die Abbauprozesse im Darm nicht nach anorganischen Zufallsgesetzmäßigkeiten zur Gärung und Alkoholbildung führen, sondern dank seiner Lichtlebenskräfte nach organischen Gesetzmäßigkeiten, die guten Kompost und Stuhl zeitigen, ablaufen.

Oxalis, der Sauerklee, ist die Pflanze, die den absterbenden Waldboden neu belebt. Sie kommt mit einem Siebzigstel des Lichts aus und vermag trotzdem dieses lichtstarke Frühlingsgrün hervorzuzaubern. Oxalis zaubert das Licht in den Waldboden.

Er bringt das Licht seiner besten Sammelzeit, der heiligen Zeit zwischen Ostern und Pfingsten, in den Organismus. Dadurch wird die Welt neu belebt und geheiligt. Dies erklärt seine Heilwirkung bei Schockzuständen, wenn die Seele den Körper zu verlassen droht.

Anwendung des Sauerklees

Belebt Bauch- und Stoffwechselorgane (Lärche belebt Sinnesorgane).
Nimmt Krämpfe im Magen-, Darm- und Gallenbereich.
Löst Bauch- und Nabelkoliken bei Kindern.
Fügt die Seele wieder richtig ein bei seelischen (Schizophrenie) und traumatischen Schockzuständen, bei lokalem Gewebeschock durch operative Eingriffe und Unfälle und dadurch bedingten Narbenstörungen.
Löst Waden- und Gefäßkrämpfe.
Regelt den Oxalsäurestoffwechsel in Gallenflüssigkeit und Nieren (Oxalatsteine).
Bei Wetterfühligkeit über die Galle legen.
Sauerklee entkrampft und beseelt.

Schachtelhalm
Pflanzlicher Kristall
für die Nieren

Der Schachtelhalm ist Pflanze gewordener Wahrnehmungsprozeß für den Wasserorganismus der Erde und denjenigen des Menschen. Denn die Natur ist ja nichts anderes als ein ausgebreiteter Mensch. Im Schachtelhalm experimentiert die Natur mit Wirbelsäulen, er ist Segmentprinzip und daher bei Wirbelsäulenschäden eines der wichtigsten Heilmittel. Der Schachtelhalm ist aber auch strahliges Stengelprinzip und wirkt als solches auf alle anderen

Equisetum arvense

strahligen Strukturen: auf Haare, Nägel, Hirn, Nieren und Knochenbälkchen (letztere sind, wenn aufgeschnitten, von strahliger Natur). Der Schachtelhalm stärkt die Nierenstrahlung und damit den Auftrieb aller Flüssigkeiten. Er kann daher helfen, geschwollene Beine, Gelenk- und Gewebeergüsse zu heilen. Seine Seifenstoffe (Saponine) beleben den Flüssigkeitsorganismus, denn erst lebendige Flüssigkeiten können ausgeschieden werden. Das strahlige Prinzip hilft auch, die Sehstrahlen bei schielenden Kindern zu richten. Dazu ist es gut, über längere Zeit Equisetum-Umschläge auf der Stirn zu verabreichen.

Schachtelhalm besteht - wie die Sinnesorgane und die Eihäute - zu über achtzig Prozent aus Kieselsäure, der Substanz des Bergkristalls. Die Eihäute müssen durchlässig für Licht, Ton und Seele sein. Der Mensch kommt in einem Kristall zur Welt. Die Eihäute sind Abbild des Kristallhimmels, in dem sich die empfangene Seele inkarniert. Schachtelhalm wirkt klärend auf die Sinnesorgane, so daß sie wieder durchlässig und selbstlos für das Wahrzunehmende werden. Dazu gehört auch die Haut, für die Schachtelhalmumschläge oftmals ein Segen sind. Als Röhrchenprinzip wirkt er auf Lunge, Nieren, Drüsen und Gefäße stabilisierend. Schachtelhalm ist lebendiges Zusammenspiel von Sal und Sulfur, von Salz und Schwefel, von Nervensinnespol und Stoffwechselpol, welche in Nebennieren und Nieren aufeinandertreffen. Der Schwefel fördert die Nierenentgiftung und die Ausscheidung. Schachtelhalm ist in der Natur, was die Niere im Menschen ist.

Anwendung des Schachtelhalms

Stärkt alle Nierenfunktionen, reguliert den Wasserhaushalt, bessert die Ausscheidung.

Reinigt und stärkt die Haut und alle Sinnesorgane. Grundmittel für alle Hautleiden: bei Ekzemen (Hautentzündungen), Schuppenflechten und Pilzen.
Wirkt läuternd, klärend, formend, strukturierend, daher auch blutstillend.
Bei eitrigen Entzündungen der Haut: Akne, Abszessen, Pickeln und Unreinheiten, vor allem zur Ausheilung derselben. Im akuten Stadium ist eher Wiesengeißbart angezeigt.
Zur Ausheilung von Bronchial-, Nieren- und Blasenerkrankungen.
Stabilisiert Haut-, Haar-, Nägel-, Gefäß-, Gewebe- und Knochenstrukturen und vermittelt ihnen wieder neue Elastizität.
Bei Bindegewebsschwächen, Zellulitis (Entzündung des Zellgewebes), Bänderschwächen, Gefäßschwächen.
Bei Ödemen (Gewebewassersucht) und Ergüssen in Gelenken und Organen, bei Lymphstauung.
Stärkt das Wirbelsäulenprinzip: bei allen Rückenleiden.
Bei Formstörungen der Hornhaut und der Augen, beim Schielen.
Bei psychischen Störungen, die mit einer Störung des Nebennieren-Nieren-Systems einhergehen.

Schafgarbe
Lichtsinnesorgan für das Lebendige
für Leber, Darm und Gebärmutter

Dort, wo die Schafgarbe in der Natur auftritt, sucht sie mit ihren feingefiederten, fühlerähnlichen Blättern die Gegend nach unsichtbarem Lebendigem ab. Sie tritt an Wegrändern und an Orten auf, wo die Natur an Totes, Aufgeschürftes, Verletztes grenzt. An Orten, wo der Boden aufgerissen wurde, sucht sie nach übriggebliebenem Leben-

Achillea millefolium

digem, das unsichtbar über der zerstörten Gegend schwebt. Die Schafgarbe zieht Lebenskräfte heran. Dies tut sie auch in den Organen, die wie die Leber die Aufgabe haben, Leben zu vermehren. Dank dem Schwefel, der sich in der Schafgarbe mit dem Kalium verbindet, wirkt sie bis tief in die Leberzellen hinein entgiftend und reinigend. Die feinziselierten Blätter unterliegen ähnlichen Formkräften wie die Darmzotten. Sie regenerieren die Schleimhäute und helfen dem Darm, den vorbeiziehenden Nahrungsstrom nach Lebendigem abzuschmecken.

Die Schafgarbe ist Heilmittel für Eierstöcke und Gebärmutter, wo in rhythmischem Wechsel Sterben und Neuentstehen sich begegnen: Die gestorbene Schleimhaut muß abgeschieden werden, wobei sich gleichzeitig neues Leben in der keimenden Schleimhaut entfaltet. Diese Randsituation ist diejenige der Schafgarbe in der Natur. Sie bringt Regenerierungsfähigkeit am Rande des Absterbenden. Damit kann mit ihr eine hormonelle Wirkung erzielt werden. Geschlechtshormone erlauben Erneuerung, wo der Körper am Altern ist. Die Schafgarbe heilt auch dort, wo absterbendes Gewebe in Geschwüren die Wundheilung verhindert. Dort, wo die Schafgarbe in der Natur wächst, können wir den Lockruf der Natur nach Leben empfinden. Ihre Blätter sind Fühler, mit denen Ätherisches wahrgenommen wird. Die Schafgarbe ist die Pflanze mit Fühlern für die andere Welt.

Anwendung der Schafgarbe

Bei Leberstörungen und zur Entgiftung der Leber über die Galle.
Bei Lebensmittelvergiftungen und Verdauungsstörungen.
Während und nach Gelbsucht.

Zur Leberregeneration.
Bei Schleimhautstörungen von Magen und Darm: Durchfall und Verstopfung.
Bei Gebärmutterleiden und bei Krämpfen im Unterleib.
Bei Unfruchtbarkeit und nach Absetzen der Pille. Bei Menstruationsstörungen, nach Aborten (Fehlgeburten).
Bei Blasen-, Scheiden- und Gebärmutterentzündungen.
Bei Abänderungsbeschwerden, auch nach Gebärmutterentfernung.
Bei unterleibsbedingten venösen Durchblutungsstörungen und Wadenkrämpfen.
Bei Hysterie und hormonell bedingten psychischen Störungen.

Schlehdorn (Schwarzdorn) Vom Geist berührter Baum

für das Herz bei Asthma und Erschöpfung

Im Frühling, wenn sich der Geist im Weiß der Schlehen niederschlägt, sehen wir, wie Geistig-Seelisches den sterbenden bleigrauen Dornenstrauch ergreift. Gleiches geschieht im Menschen, denn in der Bewegung ergreift unser geistiger Gedanke über den Willen mit Hilfe der Seele den physischen Körper. Diese Situation ist in der Natur durch den in Weiß stehenden Schwarzdorn im Frühling

Prunus spinosa

dargestellt. Wenn Geistiges so vehement über eine Pflanze kommt, müßte diese in kürzester Zeit fruchten und sterben. Der Schlehdorn stellt diesen Abbaukräften jedoch äußerst starke Lebenskräfte entgegen, so daß sich die Fruchtbildung und Reifung bis tief in den Winter hinein verzögert.

An denjenigen Stellen, wo im Menschen zu starke geistige Kräfte den physischen Körper zu ergreifen drohen, vermag der Schlehdorn aufbauend dazwischenzutreten, so daß sich unser Organismus nicht erschöpft. Dieser Strauch, in dem Schwarz und Weiß, Leben und Tod aufeinanderstoßen, lebt und gibt uns zähestes Holz, geeignet für Spazierstöcke. Auf diese Weise macht der Schwarzdorn den Menschen zäh und stützt seine Lebenskräfte. Am stärksten wird der Mensch in Herz und Gebärmutter, in Organen also, in denen Himmel und Erde aufeinanderstoßen, vom Geistigen gepackt. Wenn Irdisches so ergriffen wird, bilden sich Zyanverbindungen ($C \equiv N$), denn der Kohlenstoff ist physisches Gerüst des Geistes und der Stickstoff Inkarnat des Seelischen. Daher entstehen sowohl im Schlehdorn als auch in den Muskeln Zyanverbindungen. Würde das Herz nicht durch die Leber belebt, der Schlehdorn nicht durch die grünen Blätter belaubt, müßten wir und der Schwarzdorn an den Zyanverbindungen sofort sterben. Der Schlehdorn ist das Schriftbild des Geistes im Physischen. In ihm spricht die Natur schwarz auf weiß zu uns.

Seine blaue Frucht mit dem zyanerfüllten, harten, krankmachenden Kern ist irdisches Abbild des Saturns, von dem auch nur der Kern und nicht die Ringe krank machen. Esse ich Schlehenfrüchte, esse ich die Früchte des Saturns.

Anwendung des Schlehdorns

Angezeigt bei allen Schwächezuständen körperlicher und seelischer Art: nach Operationen, Unfällen, zur Rekonvaleszenz.

Bei Geburten in den Wehenpausen.

Bei Krampfzuständen verschiedenster Art: Asthma-, Herz-, Gallen-, Nierenkrämpfe.

Vor allem aber auch als Umschlag bei übermäßigen Menstruationskrämpfen.

Zur Kräftigung des Ätherleibs bei Leber- und Lebensschwäche.

Bei Hautschwächen und dadurch bedingten Ekzemen (Hautentzündung).

THYMIAN
PFLANZE GEWORDENER GLUTPROZESS
für die Lunge

Der Thymian trägt Wärmekräfte in die Atmungsorgane hinein. Trockene, feurige Hitze wird dem Körper durch diesen der Wärme zugewandten Lippenblütler vermittelt. Thymian befeuert den Atem. Thymian ist pflanzliches Glutprinzip. Asche ist scharf. Der Thymian ist durch die Versengung, durch die Sonne ebenfalls scharf geworden.

Thymus serphyllum und *vulgaris*

Verbrennung durch Sauerstoff bewirkt, daß alles Imponderable, alles Kosmische ausgetrieben wird und die rein physische, scharfe, tote Asche übrigbleibt.

Der Thymian macht diesen Verbrennungsprozeß durch, kann jedoch im fast verbrannten Zustand noch Leben entwickeln. Sein Lebensbereich ist die versengte, verbrannte Erde. Dort, wo die Alpweiden durch Steine und Felsen durchbrochen werden, wo Weide zur Felswüste wird, wo sich die Hitze an den Gesteinen reflektiert, entwickelt er ein zähes Leben. Er vermag jedoch auch extreme Kälte in den Bergen zu ertragen.

Der Thymian stellt den Lungenverbrennungsprozeß in der Natur dar. Brennbar sind alle organischen Materialien. In der Umgebung des Thymians ist alles verbrannt. Selbst der Felsen, an dem er wächst, ist nichts anderes als verbrannter Kalk beziehungsweise verbranntes Silizium beim Urgestein, wo der Sauerstoff in dreifacher oder doppelter Form gebunden ist.

Die Lebewesen, die sich ständig in der Umgebung des Thymians zeigen, sind die Ameisen. Ameisen sind ja im Grunde genommen nichts anderes als feuriges Glutprinzip der Natur. Die roten Ameisen könnte man die Gluttierchen der Erde nennen. In der Ameisensäure spiegelt sich dieser Glutprozeß wider. Auch durch sie wird alles Organische verbrannt.

Thymian und Ameisensäure sind Verbrenner und Trockner organischer Ablagerungen in unserem Körper. Thymian trocknet die Atemorgane und besitzt die Fähigkeit, ihnen bei Erkältungen heilende Wärmekräfte zu vermitteln. Im Weißviolett und im Rot seiner Blüten wird der Ascheglutprozeß sichtbar und im scharfen, ascheähnlichen Geschmack spürbar.

Anwendung des Thymians

Bei Erkältungen der Atemwege im Nasen-, Hals- und Lungenbereich: Sinusitis (Nasenhöhlenentzündungen), Pharyngitis (Rachenentzündungen), Mandelentzündungen, Bronchitis, Lungenentzündungen.

Bei Asthma, falls eine infektiöse Komponente mitspielt.

Bei Katarrhen der Atemwege, aber auch von Magen, Darm und Blase.

Wirkt austrocknend und antibakteriell durch seine ätherischen Öle, etwa bei den gerne im Feuchten lebenden Pilzen Soor und Fußpilz.

Wegerich Mangandynamik im Pflanzenreich *für die Haut*

Der Wegerich gehört dem Reich der Gnomen und Undinen an. Er trägt mit seinem einzigartigen rosa- und schwarzfarbenen Saft Seelisches ins Dunkel der Erde hinein. Denn Rosa entsteht dort, wo sich Seelisches im Lebendigen abbildet wie in der Haut des Menschen. Weil sich der Wegerich von der Erde nicht fesseln lassen will, treibt

Plantago lanceolata, major und *alpina*

er seine Blüten hoch in die Gegenrichtung, dem Licht entgegen. Im schwarzweißen Blütenstand treffen sich Licht und Dunkelheit. Weil der Wegerich in seinen Blättern nicht Fisch werden will, muß er sich ganz besonders stark der Wasserkräfte entledigen, um zur Blüte zu gelangen. Die Blätter des Wegerichs haben nicht nur äußerlich eine tiefe Verwandtschaft zu den Fischen. Im Fisch wird Pflanzliches zur Tierform umgestaltet, Blatt wird zum Muskel. Unsere Muskeln sind wie Fische, die sich am Skelett festhalten. Das Wegerichblatt ist pflanzliches Muskelprinzip der Natur. Die Wegerichblüte ist dem Wäßrigen entronnene Seelenkraft. Wegerich ist überwundene Dunkelheit und Todesmacht. So wird verständlich, daß Indianer Schlangenbissen mit Spitzwegerichwurzeln begegnen, daß Spitzwegerich, aufgelegt, feurige Insektenstiche heilt, daß er Muskelschwäche zu überwinden vermag und den verschleimten Körper zu reinigen imstande ist.

Kaum eine andere Pflanze vermag soviel vom Menschen getreten zu werden wie der Wegerich am Wegrand. Der Wegerich kann diesen astralisch-geistigen Einwirkungen entgegentreten! Was verleiht ihm diese Kraft? Es ist das Mangan, das feurige Eisen der Vulkane, die glühende Hitze der Erde, die - fein verteilt - dem aus größten Erdentiefen stammenden Rosenquarz seine zartrosa schimmernde Hautfarbe verleiht und konzentriert den Insekten ihr Feuer gibt. Mangan wirkt bis in den Hautstoffwechsel hinein entgiftend. Wegerich ist lebendiges Mangan, ist eiserne Michaeliskraft, die bis ins erdverwandte Nervensystem hinein Gift und Feuer (Giftwirkungen und Entzündungen) des Drachens zu überwinden vermag.

Silbrig behaarte Wegericharten zeigen ihre Beziehung zum feinbehaarten Flimmerepithel der Atemwege, von den Nebenhöhlen über die Ohrtrompete bis hin zu den mit einem Flimmerhaarteppich ausgestatteten Bronchien. Der Silberglanz verrät den Mondeinfluß auf diese Pflanze. Sie selbst wirkt in einer prozessualen Silberdynamik im Mondgebiet des Menschen. Zu diesem gehören der Wasserorganismus mit der Blasenregion, alle Schleimhäute und das Haut-Nerven-System. Somit haben wir im Wegerich Muskel-, Haut- und Schleimhautwirkungen vereinigt.

Anwendung des Wegerichs

Wegerich ist pflanzliches Schleimprinzip, das pflegend und entgiftend auf Haut und Schleimhaut einwirkt.
Bei Bronchitis, Sinusitis (Entzündung der Nasennebenhöhlen), Zystitis (Harnblasenentzündung) und Entzündung der Harnwege.
Wirkt kühlend über juckenden Hautstellen, bei Bissen und Stichen.
Zur nichtaggressiven Wundpflege.
Stärkt den Ätherleib im Muskelgebiet. Bei Muskelschwächen und Muskelschwund, Blasen- und Schließmuskelschwächen.

Wiesengeissbart Blüte gewordenes Sommerwölkchen

bei Entzündung und Schmerz, für die Durchblutung

Zur Blüte erstarrte Sommerwölkchen begegnen uns im Sumpf in Form von lebenden Wiesengeißbärten. Wasser zu versprühen ist ihre Aufgabe. Dieser Sprühprozeß ist derart stark, daß sich die Pflanze in ihren doldigen, bartigen Blüten selbst versprüht. Sie saugt durch ihren roten, einer Arterie gleichenden Stengel Wasser an und sprüht es den Wolken zu. Die Blüten gleichen sommerlichen Wolken, die ihre Wassermassen auftürmen. Dutzende von In-

Filipendula ulmaria

Insekten pflegen bei sommerlicher Hitze darin ihre «Dusche» zu nehmen. Insekten, Tiere der Sonne und der Wärme, die ihre Seelenkräfte vielfach in feurige, brennende Gifte verwandeln, lieben die kühle Wolkenatmosphäre dieser Blüten über alles.

Der Wiesengeißbart entfaltet im Menschen die gleichen Kräfte wie in der Natur. Wo Entzündung herrscht, löscht und kühlt er. Er ist mit der Weide zusammen, die ebenfalls Salizilate enthält, Feuerlöscher der Natur.

Das Wasser steigt in die Höhe, ähnlich wie es im arteriellen Blutsystem gegen die Kapillaren zu geschieht. Der Stengel teilt sich wie das Kapillarsystem in viele feine Dolden und Döldchen. Ein Aufteilungs- und Auffächerungsprinzip herrscht in der Blüte vor, die Pflanze versprüht sich selbst. Dies wirkt der Zusammenballungstendenz des Blutes entgegen. Damit wird verständlich, daß sie bei Thrombosen und Embolien heilend wirkt.

Der Wiesengeißbart hemmt die Blättchenaggregation im Blut und bewirkt dadurch eine bessere Zirkulation. Die Durchblutung wird angeregt, und dadurch bedingte Schmerzen werden gelindert.

Als großer Wasserverdunster wirkt der Wiesengeißbart in der Natur und im Menschen auch entwässernd. Er kann deshalb bei Ödemen eingesetzt werden. Als Umschlag über gestauten Organen kann er helfen, Wasser zur Ausscheidung zu bringen. Dies bei entzündlich gestauten Gelenken, jedoch auch über der Lunge bei Erguß, bei der Leber oder den Nieren. Wiesengeißbartblüten sind die kühlenden Wolken des Pflanzenreichs. Genau wie der Taifun spiralig die Wassermassen ergreift, ergreifen die kosmischen Himmelskräfte Blüte und Samen und lassen sie zur Spirale werden. Der Wiesengeißbartsamen gehört zu den schönsten Spiralen, die in der Natur zu finden sind. Diese kosmische Leichte, die in dieser Pflanze überall zu finden ist, wirkt im Menschen der Schwere entgegen. Die Schwere zwingt ihn dazu, sich in Krankheit niederzulegen. Schmerz entsteht, wo irdische Schwere in den Organismus einzieht, wo das Blut keinen Auftrieb hat und deshalb in den Gefäßen versackt, wo das Wasser zu Ödemen wird und aus dem lebendigen Organismus herausfällt. Der Wiesengeißbart ist entzündungswidrig, fiebersenkend und schmerzlindernd, weil er dem Körper Kühle und Leichtigkeit vermittelt.

Die Heilwirkung von Pflanzen pflegt man heute auf ihre Wirkstoffe zurückzuführen. Dies ist nicht ganz richtig, denn der Wirkstoff seinerseits ist nichts als Ausdruck dessen, was die Pflanze tut. Der Name Aspirin kommt von Asperula und wird als Wirkstoff des Wiesengeißbarts angesehen. Schauen wir den chemischen Aufbau an, so bemerken wir, daß ein wasserlöslicher Teil von einem flüchtigen Teil ergriffen wird. Dies ist jedoch genau die Dynamik des Wiesengeißbarts, der das Wasser versprüht. Der Wiesengeißbart ist also pflanzliches Aspirin.

Die Form einer Pflanze ergibt sich aus den Himmelsbewegungen, die sie in sich einströmen läßt. Die Inhaltsstoffe sind Inkarnate des Tierkreises und des Fixsternenhimmels, denen sich die Pflanze zuwendet. So schließt jede Pflanze ihren Inhalt mit Hüllbewegungen aus der Planetenwelt ein.

Anwendung des Wiesengeissbarts

Wirkt versprühend, antikoagulierend. Löst Verdichtungen in Blut, Lymphe und Gewebe. Wirkt kühlend, entzündungshemmend und demzufolge auch schmerzlindernd.

Verbessert die arterielle Zirkulation. Wirkt antiembolisch, aggregationshemmend, deshalb auch bei allen Minderdurchblutungen in Hirn, Herz und Gliedern, bei Raucherbeinen.
Bei Brustdrüsenentzündung löst er die zähen Milchmembranen, die die Brustdrüsen verstopfen.
Löst Hautverdickungen, harte Haut an den Füßen und Händen.
Bei Schuppenflechte und Milchschorf.
Bei durch harte Haut und Kälte bedingten Rhagaden (Hautrissen).
Bei entzündlichen Ekzemen, wo die vergröberte Haut immer wieder einreißt.
Notfallumschlag für akute Ekzeme, um die Anwendung von Kortison vermeiden zu können. Stabilisierende Therapie jedoch mit Wegerich, Schachtelhalm, Roßkastanie und anderen Heilpflanzen weiterführen.
Bringt Drüsensekrete besser zum Ausfließen: bei Schweiß- und Talgdrüsenentzündungen, Akne, Abszessen sowie Umläufen.
Wirkt wasseraustreibend und ödemwidrig bei Nieren- und Gewebestau, bei Migräne und Kopfweh.
Universelles Schmerzmittel wie Aspirin, wirkt jedoch sanfter, da pflanzliche Präparate im Gegensatz zu synthetischen oder «gereinigten» Substanzen über einen Ätherleib verfügen!
Lokal angewendet leicht fiebersenkend, deshalb geeignet, um bei hochfiebrigen Erkrankungen mit Stirnumschlägen und Einläufen Fieberkrämpfen vorzubeugen, ohne die heilende Fieberwirkung im Körper stark zu unterdrücken.

Ein sinnvoller Tee für jedes Organ, für viele Situationen

Warum fasten und Tee trinken?

Bei Krankheit befindet sich der Mensch in einer Phase, wo es not tut, sich mit sich selbst zu beschäftigen. Ein unhaltbarer Zustand bricht zusammen, und zwar oft ausgerechnet in einem Moment, wo überhaupt keine Zeit zum Kranksein vorhanden ist.

Sie können sich beruhigen, denn Sie werden nie Zeit finden für das Kranksein. Das ganze Leben wird potentielle Krisensituation bleiben, so daß es keine Rolle spielt, ob Sie sich gleich jetzt an die Renovationsarbeiten machen! Verwechseln Sie dabei nicht die Wirkung mit der Ursache, wie dies so oft in der Medizin geschieht, denn sonst werden Sie wohl nie gesund. Besinnen Sie sich auf sich selbst, und dies bedeutet Fasten: nicht wieder Äußeres verdauen, nein, jetzt muß Inneres verdaut werden. Unstimmige Stoffwechselprodukte, durch geistige Absenz im Körper bedingte Ablagerungen, müssen erst einmal aufgezehrt werden, bevor ein neuer Aufbau beginnen kann. Erst Abbau, dann Aufbau, sonst mauern Sie Unstimmiges nur ein.

Fasten zehrt auf, Tee trinken scheidet aus. Der Tee, der zu einem Organ eine innere Beziehung hat, klärt dieses und regt es zur Tätigkeit an. Durch diese sanfte Einwirkung kann der Aufbau wieder nach Geistgesetzen vor sich gehen. Fasten Sie, wenn es Ihre Kräfte erlauben, eine Woche lang und trinken Sie täglich einen der sieben nachfolgend aufgeführten Heiltees, damit Ihr Geist Sie bald wieder einholen kann.

Samstag: Wegwartentee für die Milz.
Sonntag: Weißdorntee fürs Herz.
Montag: Löwenzahntee für die Leber.
Dienstag: Brennesseltee fürs Blut.
Mittwoch: Minzentee für die Galle.
Donnerstag: Lindenblütentee für die Lungen.
Freitag: Zitronenmelissentee für die Nieren.

Baldrian
Eine Pflanze steht kopf
zum Schlafen

In der Dämmerung am Waldrand leuchtet mir weiß phosphoreszierend ein Licht entgegen: es ist die Blüte des Baldrians, lebendiger, Blüte gewordener Phosphorprozeß. Ich grabe die Pflanze aus und entdecke eine aromatisch durchdrungene Wurzel. Steht hier nicht der Tag kopf? Duft gehört zur Blüte, und der Phosphor gehört ins Wurzelreich! So wie sich eine Pflanze aus den Wurzeln heraus entfaltet, entwickelt sich der Mensch embryonal aus dem Nervensystem. Die Wurzeln haben daher immer eine Wirkung auf

Valeriana officinalis

das Nervensystem. Blüten sind der Ort des Stoffwechsels der Reproduktionsorgane und wirken daher in die Stoffwechselorgane. Die vom Phosphorprozeß durchdrungenen, am Abend voll entfalteten Baldrianblüten wecken die Stoffwechsel- und Unterleibsprozesse, während der aromatisch penetrante Duft der getrockneten Wurzel jeden rationalen Gedanken verströmen läßt. Katzen werden ganz närrisch und unendlich zärtlichkeitsbedürftig, wenn sie den an Katzenurin erinnernden Baldriangeruch wahrnehmen. Baldriantee erlöst das Hirn von quälenden Gedanken und regt die unbewußten Stoffwechselprozesse an. Baldrianwurzel regeneriert das Zentralnervensystem. Baldrianblüten tragen Licht in die unbewußten Stoffwechselprozesse. In der biodynamischen Landwirtschaft wird mit Baldrianblütenpräparaten der Kompost geimpft, was eine viel schnellere Verrottung und Humusbildung bewirkt. Warum wird das gemacht? Weil die Mikroorganismen, wenn auch nur recht wenig, phosphoreszierendes pflanzliches Licht benötigen, um in dieser dunklen Atmosphäre zaubern zu können, das heißt, den Zerfall des Mists in Kompost und Humus zu bewirken. Baldrianwurzeln erlösen das Hirn, Baldrianblüten kompostieren den Darminhalt. Beides gibt Ruhe.

Anwendung des Baldrians

Bei nervösen Schlafstörungen, bei Erschöpfung des Zentralnervensystems, bei asthenischen (Schwäche-)Erkrankungen, bei durch zu viele Kopfarbeit erbleichtem und erschlafftem Körper. Zur Entspannung der Bauchorgane und zur Stoffwechselbesserung im Darm. Krampflösend bei nervösen Magen-Darm-Schmerzen, bei Kopfschmerzen, bei innerer Unruhe, bei katzenartigem Getriebensein.

Sammeln und Zubereiten von Baldrian

In der Abenddämmerung wird die ganze Pflanze geerntet und an der Kräuterleine getrocknet. Die Wurzel entwickelt erst durch das Trocknen das volle Aroma. Die zerkleinerte Wurzel wird mit kaltem Wasser angesetzt und einen Tag lang stehen gelassen, um einen kräftig wirksamen Tee zu erhalten. Etwa einen Teelöffel Wurzeln auf einen Liter Wasser nehmen. Blüten können mit heißem Wasser aufgegossen und gleich verwendet werden. Als Nervenregenerationskur über den Tag verteilt einnehmen. Als Schlaftee kurz vor dem Zu-Bett-Gehen schluckweise eine Tasse Baldriantee trinken.

Brennessel Das pflanzliche Michaelsschwert *für das Blut*

Wo ist sie zu Hause, die Brennessel? Um den Miststock! Man denke an eine Alpsennerei, wo rings um die Hütten nichts mehr wachsen kann, weil alles vom Urin und Mist der Tiere erstickt wird, wo der Boden gichtisch-rheumatisch verseucht ist. Die Brennessel ist die Pflanze, die diesen Boden wieder in Leben tragenden Humus zurückverwandeln kann. So wirkt sie auch im Menschen: Ablagerun-

Urtica dioica

Erkrankungen, werden durch eine blutreinigende und stärkende Brennesselkur abgebaut, und das Blut wird zum frisch aufbereiteten Lebenssaft. Eine mit Ablagerungen überfüllte Leber mit schlechtem Gallenfluß kann zu Juckreiz und Ekzemen führen. Die Brennessel, die durch ihren Eisengehalt eine Beziehung zum Mars hat, greift hier abbauend und reinigend ein und verbessert zudem die Ausscheidung über die Nieren und den Darm. Der Juckreiz verschwindet oft dadurch, das Ekzem bessert sich, der Eisengehalt des Blutes wird reguliert.

Die Brennessel ist überhaupt der Arzt unter den Heilpflanzen! Warum? Weil sie Spritzen verabreichen kann! Mit ihr kann die Haut wie mit einer Spritze «genesselt» (gequaddelt) werden. Ihre feinsten Kristallkanülen dringen durch die Haut, brechen ab, und der Inhalt der Brennhaare wirkt bis in die Blutbahn hinein, einen Bereich, vor dem der Heilpraktiker normalerweise halt machen muß. Die Brennessel ist der beste Arzt eigentlich bei allen degenerativen Erscheinungen: bei rheumatischen Schüben, bei chronisch-rheumatischen Schmerzen, bei Asthma, bei Heuschnupfen, bei Ablagerungserscheinungen aller Art und bei Narbenstörungen, bei Leuten, die den Garten von Nesseln säubern. Die Nesselung ist aus verständlichen Gründen bei Kindern nicht anzuwenden.

Ja, Sie haben richtig gelesen! In meiner langjährigen Tätigkeit stellte ich immer wieder fest, daß gerade die Pflanzen bekämpft werden, die eigentlich das Heilmittel wären: Rheumatiker reißen die Nesseln aus, Nierenkranke roden den Schachtelhalm, Bluter schneiden den Hamamelis-Strauch nieder. So kämpfen viele gegen ihre Heilmittel. Dies geht noch weiter, denn heute wehrt sich fast jedermann gegen seine Krankheit, statt sie als Lebensumgestalter, als großen Veränderer des Menschseins entgegenzunehmen. Wird die Brennessel auch nicht gesetzlich verfolgt, so doch durch Leute, die sich des Zusammenhangs der Elementargeister mit den Pflanzen und dem Menschen nicht bewußt sind. Das Quaddeln mit Nesseln bewirkt lokales Fieber, und dieses überwindet Krankheit und Schmerz. Selbst bei allergischer Reaktionslage ist die Brennessel heilend. Sie wird dann am besten zuerst als Tee eingenommen. Dies gilt auch bei Ekzemen: täglich einen Liter Brennesseltee während eines Monats trinken. So kann auch die Blutarmut gebessert werden. Krebskranken empfehle ich, nebst den selbstverständlichen Mistelinjektionen, häufige Quaddelungen mit frischen Brennesseln im Bereich der Geschwulst oder der Metastasen. Ich könnte es verstehen, wenn es jemandem in den Sinn kommen sollte, der Brennessel den Prozeß zu machen, denn sie steht mit ihren Kanülen dem Geschäft mit der Gesundheit als ein großer Konkurrent gegenüber.

Anwendung der Brennessel

Mit der frisch gepflückten Brennessel wird die Haut genesselt. Dies ist bei fast allen chronischen Krankheiten angezeigt: Bei Rheuma, Arthritis (Gelenkentzündung), Gicht, Ablagerungserscheinungen, zur Narbenbehandlung, bei Hautleiden, zur Reaktivierung oder zur Entlastung von offenen Ekzemen (Hautentzündungen), zur Quaddelung über den Nieren, bei Asthma. Bei Migräne (heftigen Kopfschmerzen) die Lendengegend über den Nieren nesseln.

Innerlich als Tee zur Blutreinigung, als Kur zur Anregung der Blutbildung bei Bleichsucht, nach konsumierenden Krankheiten, zur Stärkung, als Frühlingskur nach überstandenem Winter.

Bei Gallensteinbildungen immer wieder mal eine Brennesselteekur einschalten, bei Juckreiz, der oft durch Gallenrückstau mitbedingt ist.
Bei Ausscheidungsstörungen der Nieren.
Auch als Suppengrün zu verwenden zur Stärkung von Kindern und Eltern.

Sammeln der Brennessel

Die Brennessel kann sowohl frisch zum Nesseln wie als Teekraut, als Suppengrün oder getrocknet Verwendung finden. Ideal ist es, die Pflanzen im Morgentau zu sammeln und - wenn sie nicht gleich frisch verwendet werden, was immer zu empfehlen ist - während des Tages im Halbschatten zu dörren. Die Nesseln mit einer Schnur zusammenbinden und an einem gut durchlüfteten Ort aufhängen. Zu jedem Haushalt gehört neben einer Wäscheleine eine Leine zum Aufhängen und Trocknen von Heil- und Gewürzkräutern.

Frauen- und Silbermantel
Ein Kraut mit Menstruation
als Menstruations- oder Blasentee

Der Frauenmantel ist ein Kraut, das mit den Mondrhythmen selbst eine Menstruation durchmacht. Er bildet in seinem Blatt, dem rhythmischen Bereich der Pflanze, einen Nektar, den er am Blattrand ausscheidet und in der Blattmitte zur silbernen Perle zusammenfließen läßt. In diesem aus Nektar und Tau gewordenen Silbertropfen sind die Kräfte der Reproduktion versteckt. Was sich im Mineralischen bis zum metallenen Silber verkörpert, wird in den Pflanzen nur in den ätherischen, noch lebendigeren Bereich des Silbernektartropfens des Frauenmantels und bis in die Farbe der feinsten Silberhärchen des Silbermantels inkarniert. Die Domäne des Frauenmantels ist also der

Alchemilla vulgaris et alpina

Zyklus der Frau, die Reproduktion, die Menstruation und die Stoffwechselprozesse um die Geburt. Wer sich von den geheimnisvollen Kräften des Frauenmantels berühren lassen will, trinke frühmorgens mit einem hohlen Grashalm die silbernen Tropfen. Feinste Gefühle werden über ihn kommen, besonders zur Zeit, da der volle Mond zusätzlich seine Kräfte darin ergießt.

Der Frauenmantel ist noch in einer Beziehung ganz speziell: In den Alpen wächst er, nachdem der Schnee geschmolzen ist, als erste Pflanze, früher als irgendein anderes Gras oder Blümchen. Seine anfangs roten Triebe haben sich gegen diesen Zeitpunkt hin unter dem Schnee gestaut und entladen sich im krautigen Wachstum. Der Frauenmantel ist wirklich das allererste Kraut. Er signalisiert das Wiedererwachen des Lebens nach dem Schnee auf dem noch braunen Boden, und er hilft in den ersten Momenten nach der Geburt des Frühlings und des Menschen. Wenn sich ein Kraut so vehement entstaut, ist es meistens auch krampflösend. Der Frauenmantel bewirkt eine gute Entbindung und Ausstoßung der Nachgeburt und stillt Blutungen.

Der Silbermantel, eine der vielen Varianten der Alchemilla, rhythmisiert die Tätigkeit der Blase und der Nieren, reguliert Ebbe und Flut in den Harnorganen, belebt die Flüssigkeit in der Blase, so daß dieses Mondorgan erstarkt und gut ausscheiden kann. Der Frauenmantel ist lebendiges Silberprinzip im Bereich von Gebärmutter und Prostata, der Silbermantel im Bereich der Harnorgane.

Anwendung des Frauenmantels

Frauenmantel als Frauenheilmittel, bei Entzündungen, mit Fluor auch für Spülungen geeignet.
Bei Menstruationsstörungen.

Drei Wochen vor und drei Wochen nach der Geburt als Tee, als Wundheilkraut bei Gebärmutterverletzungen, auch als Sitzbad.
Zur Krampflösung, zur Erleichterung von Geburt und Nachgeburt, zur Blutstillung.
Frauen- und Silbermantel gemischt bei Nieren-Blasen-Störungen, Krämpfen, Infektionen, Schwächen, zum Harntreiben.
Bei Prostatabeschwerden, bei Durchfall und Magen-Darm-Störungen, zur inneren Blutstillung und zur Krampflinderung.

Sammeln und Zubereiten des Frauenmantels

Die verschiedenen Arten von Alchemilla wie Frauen- und Silbermantel werden in den Bergen gesammelt und im Halbschatten getrocknet. Der Tee wird entweder gekocht oder heiß aufgegossen und lange genug ziehen gelassen. Das Kraut kann auch roh gekaut oder als Wundheilpflanze direkt aufgelegt werden.

Kamille Sonnenkochprozess in der Blüte *bei Bauchweh*

Auch wenn ich die Kamille erst an späterer Stelle bei den homöopathischen Hausmitteln aufführe, so kann ich es trotzdem nicht unterlassen, dieses wohltuende Heilkraut auch bei den Tees zu erwähnen. Der Kamillentee ist durchaus auch ein Genußtee, geeignet, um am Morgen, beim

Chamomilla officinalis

Frühstück, einen sonnigen, entspannten Tag vorzubereiten. Der Fehler, der meistens gemacht wird, besteht darin, den Kamillentee zu stark anzusetzen, so daß er eher Brechreiz als Entspannung bewirkt.

Der Kamille ist es so wohl, daß sie ihren Bauch gleich der Sonne entgegenstreckt, das heißt den Blütenboden hervorwölbt, womit die Sonne die Möglichkeit erhält, am Stoffwechselprozeß mitzukochen. Wenn in der Pfanne das Wasser zu kochen beginnt, lösen sich Blasen vom Boden. Eine solche Blase mit erwärmter, aufsteigender Luft, durchdrungen mit aromatischem Duft, bildet sich auch in der Kamillenblüte.

Wohlheit, rundliche Behaglichkeit und - wenn Kamille zusammen mit Milch eingenommen wird - mütterliche Liebe breiten sich im Menschen aus, wenn er den Tag mit einem Kamillentee beginnt. Und der Mensch kommt zur Einsicht, daß Ärger ja wirklich nur eine freiwillige Beigabe ist und höchstens zur Würze des Alltags taugt.

Anwendung von Kamillenblütentee

Bei Magen-Darm-Störungen aller Art, bei Bauchweh, Übersäuerung, Krämpfen, Magen-Darm-Entzündungen bis hin zu Beschwerden durch Geschwüre.
Bei Blähungen. Die Kalkdynamik der Milch verbindet sich gut mit derjenigen der Kamille. Kamille in Eierschalenwasser ist gut bei Knochenschwund, falls auf den Genuß von Fleisch und zuviel Eiweiß verzichtet wird.

Sammeln und Zubereiten von Kamillenblüten

Als Genußtee mit etwas Milch und ganz wenig Honig, zur Entspannung morgens oder im Laufe des Tages geeignet. Dazu werden vier bis fünf Kamillenblüten mit heißem

Wasser übergossen und fünf bis zehn Minuten ziehen gelassen. Gesammelt werden die Blüten, bevor alles Aroma verströmt ist. Sie werden im Halbschatten auf einem blauen Tuch getrocknet, so daß Sonne und blauer Himmel mit eingefangen werden können. Homöopathikum und Tee der gleichen Pflanze sollen nur mit einem Unterbruch nacheinander eingenommen werden. Überhaupt soll mit den Tees immer etwas abgewechselt werden, damit der Organismus immer wieder neu angesprochen wird.

Linde
Der Familientherapeut
für die Lungen

Unter dem Lindenbaum beginne ich zu träumen, linde gleite ich in den Schlaf, geborgen und beatmet durch die weichen, pelzigen Blätter der Linde, umhüllt, behütet, eingelullt. Der Schmerz vergeht, die Spannung löst sich, das Leiden lindert sich – linde weht der Wind. Der Hügel steht allein, durch die Linde geschützt. Die Bank um sie herum bietet Urgroßeltern und Kindeskindern Platz. Die Linde vermag Generationen zu überbrücken und zu behüten. Sie ist der Hirt für die Familie. Zwischen Bauernhaus und Stöckli steht sie, verbindet die Generationen und schützt vor Regen und Blitz. Oft bin ich als Kind bei Regen unter die Linde geschlüpft, um dort weiter zu spielen

Tilia

und den Regentropfen zuzugucken. Dabei habe ich mich mit einem Lindenblatt gestreichelt, denn dieses ist sanft und weich wie ein Lammfell. Selbst das Holz bleibt weich und eignet sich unter allen Hölzern am besten zum Schnitzen. Die frischen Blätter sondern bald einmal ein Sekret ab, sie beginnen zu schwitzen, werden klebrig und süß. Die Ameisen und Blattläuse laben sich daran. In den vom Lindengrün zum Gelb sich wandelnden Blüten wird der Nektar zum Honig, schon bevor die Bienen ihn gesammelt haben. Lindenblütentee ist süß und treibt den Schweiß. Das Blatt ist behaart und wirkt auf die mit Flimmerhärchen besetzten Atemschleimhäute. Das Blatt atmet, die Linde bleibt in ihrer Blüte noch Blatt und wirkt als Blütentee auf die Atmung. Dieser dichtbeblätterte Baum ist Meister in der Beatmung. Als Tee nimmt er kupferne Farbe an. Ich empfehle, im Lindenblütentee einen Kupferdraht oder etwas Kupferblech mitzukochen, denn Kupfer paßt genau zur Linde. Die Linde ist mit den wollenen Blättern das Schaf unter den Bäumen - das Venustier, zu dem die Metalle der Kupfergruppe (Kobalt, Nickel usw.) gehören. Am besten ist es natürlich, den Tee in einer Kupferpfanne leicht aufzukochen. Dies steigert die krampflindernde Wirkung und macht ihn zum wunderbaren Beruhigungs- und Schlaftee.

Die Linde ist ein Familientherapeut. Sie schützt mit ihren Fittichen die ganze Familie, die sich während der Wanderung auf der Bank niedergelassen hat. Unter ihr läßt sich herrlich ruhen. Die Linde fördert die guten Träume, bringt Eintracht und Wärme, die alles Menschenunverständnis und zwischenmenschliche Eis zum Schmelzen bringt und im Schweiße austreibt. Die Lunge, das Erdorgan, das in seiner Verhärtung, wenn es nicht durch eine heilende Entzündung wieder aufgeweicht wird, zu Zwanghaftigkeit und Starrköpfigkeit führt, wird durch die weichmachende und schleimlösende Wirkung eines heißen Lindenblütentees aufgetaut. Die Schweißtropfen, die aus den Poren quellen, sind die Tautropfen des zwischenmenschlichen Eises, der Auflösungsvorgang der fixen, starren Vorstellungen des Lebens. Dieser Baum, dessen Lebenskraft gleichmäßig jeden Ast und jedes Blatt durchströmt, so daß nach außen die geschlossene Kronenform zustande kommt, verbindet alles mit allem zur harmonischen Einheit. Es ist ein Baum, wie ihn die Kinder zeichnen. Venus, Merkur und Jupiter vereinen sich und nehmen in der Linde Gestalt an. Der Venus verdankt sie die Weichheit, die krampf- und schleimlösenden Eigenschaften, dem Merkur die Wirkung auf die Atmung und die Schweißdrüsen und dem Jupiter die aufbauende Wirkung und die Harmonie. Mit Zitrone trage ich zusätzlich die aufhellende Geistkraft der Sonne in den Morgentee. Mit Honig verstärke ich die Wärme und die Liebeskräfte des Abendtees.

Anwendung des Lindenblütentees

Bei Husten, Bronchitis und Lungenentzündung.
Bei nervösen Störungen.
Als Einschlaftee mit Honig. Als Lindenblütenbad für Kinder, die nicht schlafen können (am besten mit Kupferblech aufkochen).
Während Fastenkuren und als Genußtee.

Sammeln von Lindenblüten

Beobachten Sie die Insekten, wenn sie sich den Nektar von den Linden holen, folgen Sie Ihrer Nase und dem Duft hin zu der Linde. Es ist jedoch gut, die Blüten kurz vor dem großen Duftverströmen zu ernten. Trocknen Sie die Blüten im Schatten auf einem Gazetuch, das luftdurchlässig ist und das Sie später auch an der Kräuterleine aufhängen können. Später kann der Tee in einer Kartonschachtel oder in einem Papiersack aufbewahrt werden. Eine Lindenholzschachtel ist sicher der ideale Aufbewahrungsort für Lindenblüten. Der Tee wird heiß angegossen und lange genug ziehen gelassen. Wenn süßen, dann mit Honig.

Löwenzahn
Sonne und Sterne in einer Blume
für die Leber

In tausendfacher Weise bildet der Löwenzahn im Frühling die Sonne nach. Wenig später, in der Samentracht, verwandelt sich jede Blüte in einen Sternenhimmel. Die Samenfäden teilen sich in einen Sechserstern. Wie die sechseckigen Schneeflocken, die vom Himmel kommen,

Taraxacum

steigen die Samen als sechseckige Flocken in das tiefe Blau des Himmels, von dem die Kieselkräfte einstrahlen. Der Löwenzahn bringt Kieselkräfte in die kaliumreiche, schneeweiß geläuterte Pflanzenmilch. Im Weiß sehe ich das geläuterte Bild des Geistigen im Seelischen. Im strahlenden Gelb offenbart sich der Glanz des Geistes selbst. Diesen Glanz erhält der Löwenzahn von der Sonne und vom Jupiter. Der weiße Milchsaft gleicht, seiner Zusammensetzung nach, mit seinen Enzymen, den Verdauungssäften von Bauchspeicheldrüse und Galle. In der halbfesten, knackigen Konsistenz der Stengel und im Gelb werden die Jupiterleberkräfte ersichtlich.

Der Löwenzahn bringt den Kieselprozeß in die kaliumreichen Säfte der Verdauungsdrüsen. Diese Kieselkräfte des Löwenzahns lehren unsere Verdauungsorgane, empfindend, abbauend und formend in den Nahrungsstrom einzugreifen. Die zarten Bitterstoffe bringen Bewußtsein in den Nahrungsstrom. Löwenzahnmilch ist wertvollster Verdauungssaft. Er bringt den ganzen Leberstoffwechsel wieder in Ordnung. Die Aufgabe der Leber ist es letztlich, Zucker als Werkzeug für unser Ich herzustellen. Dieser Aufgabe kommt der Löwenzahn in seiner Nektar- und Honigbildung auch in der Natur nahe. Werden durch Blüten und Stengel der Leberstoffwechsel und die Verdauungsdrüsen gestärkt, so wird durch Löwenzahnwurzeltee das Nervensystem der Bauchorgane genährt und gekräftigt: die Wurzeln für die Nerven, die Blüten für den Stoffwechsel. Eine Delikatesse ist es, im Frühjahr oder auch später vier, fünf knackige Stengel vor den Mahlzeiten zu kauen. Die Milch selbst reinigt die Haut und das Blut; sie ist nicht giftig. Die Stengel sind der zarteste Teil eines Leber und Galle reinigenden Frühlingssalates.

ANWENDUNG DES LÖWENZAHNS

Bei Leber- und Gallebeschwerden jeglicher Art. Bei Verdauungsproblemen, bei Appetitlosigkeit. Bei Gelbsucht. Zur Blutreinigung. Bei degenerativen (rückbildenden) oder gichtisch-rheumatischen Gelenk- und Knorpelproblemen. Bei leber- und stoffwechselbedingter Depression (Niedergeschlagenheit): Tee aus Blüten und Stengeln.
Bei Asthenie (Schwäche): Löwenzahnsaftkur zum allgemeinen Aufbau.
Zur Nervenstärkung des Sonnengeflechtes: Löwenzahnwurzeltee.

SAMMELN VON LÖWENZAHN

Die frischen Stengel werden im Frühjahr direkt von der ungedüngten Wiese während des täglichen Spaziergangs gekaut. Aus den frischen Blättern wird Salat zubereitet. Grünere, zähere Blätter können feingeschnitten, gekocht, als Gemüsebeilage serviert werden. Die ganze Pflanze kann frühmorgens ausgegraben, am Halbschatten getrocknet und in Büscheln an der Kräuterleine zum Trocknen aufgehängt werden. Wurzeln werden im Spätherbst gestochen und gedörrt. Wurzeln sind immer dann angezeigt, wenn das Nervensystem gestärkt werden soll. Gedörrte Wurzeln werden zur Zubereitung von Tees zerkleinert und nachtsüber in Wasser eingelegt, das dann am folgenden Tag zum Tee aufgekocht wird. Den Tee schluckweise trinken, jeweils vor oder zwischen den Mahlzeiten. Die Blüten können heiß angegossen werden. Der Tee soll nicht in großen Mengen, sondern schluckweise über den Tag verteilt als Heilgetränk eingenommen werden.

MINZE
PFLANZE GEWORDENE FRISCHE
für die Galle

Füße im Wasser, Kopf im Schatten, versteckt im Gras: Das ist der Steckbrief dieser Pflanze. Das Minzenaroma ist metamorphisierte Wucherkraft des feuchten Schattens in sonnigen Gegenden. Die Minze wirkt kühlend wie der frische Schatten des feuchten Grases. Legen wir uns daneben

Mentha piperita

auf den Boden ins Gras, fallen wir vielleicht in einen tiefen narkotischen Schlaf, aus dem uns dann urplötzlich ein Insekt durch eine feurige Injektion herauskatapultiert. Da erfahren wir die anästhesierende Wirkung, die auch im Minzenöl verborgen ist. Überall, wo grüner, ätherischer Stau herrscht, in feuchten, aber sonnigen Gegenden zieht die Minze Astralisches an, holt die feuchte Kühle aus den Matten und wandelt sie zum kühlenden Aroma um. Die Region des Sprossens und Wucherns ist im Menschen das Gebiet der im Feuchten und Wäßrigen arbeitenden Leber. Wenn die Leberkräfte sich zu stauen beginnen, benötigt die Leber das Minzenaroma, damit sich ihr aufbauender Lebensstrom zur Galle metamorphisieren kann und so abgeleitet wird. Schwangere Frauen neigen zu Gallenkoliken, weil die Wachstumskräfte in der Schwangerschaft eben vorherrschen.

Die Minze macht Ätherisches bereit, Astralisches aufzunehmen. Lebendiges wird bereit, Seelisches aufzunehmen. Ausdruck davon sind die Bitterstoffe. Sie bringen Bewußtsein in den Stoffwechsel, wecken den Gallefluß und die Verdauung. Halten Sie das Minzenaroma unter die Nase, so kühlt es Ihre Sinne, ein Trick, um wach zu bleiben. Betupfen Sie aber mit konzentriertem ätherischem Öl eine Wunde, so wandelt sich ein Schmerzgefühl zum Frischegefühl. Die Minzendynamik nimmt selbst Platz und kühlt den Astralleib, der sich schmerzend in der Schürfung verkrallt hat. Die Wunde wird ganz Minze.

Wenn eine Pflanze zu blühen beginnt, stagniert augenblicklich das Wachstum, weil Blühen umgewandeltes Wachsen ist. Diese Umwandlung wird von Seelischem bewirkt, das die Pflanze umschwebt. Die Blüten sind der Bereich der Pflanze, wo sie von Seelischem, also Tierischem, berührt wird. Die Minze zieht diese Fähigkeit der Wandlung, der abbauenden, stoffwechselreinigenden Dynamik herunter ins schattige Feuchte, wo Wucherung herrscht. Der Lavendel dagegen bringt diese Metamorphose in die lichtdurchströmten, schattenlosen, trockenen Felder des Südens. Dies ist im Menschen eher der Bereich der trockenen Haut, der ausgedörrten Nerven und der Sinnesorgane. Dort vertreibt der Lavendel die sich verkrallende Seele und wirkt lindernd und beruhigend, während die Minze im Bereich der feuchten Schleimhäute und im Magen-Darm-Trakt den Astralleib kühlt. Menthol ist Aroma gewordener feuchter Schatten, Lavendelduft ist aus der Staude hinausversetztes Seelisches; beides wirkt schmerz- und krampflindernd, die Minze im Stoffwechselgebiet und Schleimhautbereich, der Lavendel im Nervensinnesbereich.

Anwendung der Minze

Bei Gallenkoliken, bei Übelkeit und bei schlechter Verdauung, bei Mundgeruch und Blähungen.
Bei Leberstörungen und Gelbsucht.
Zur Anästhesierung feuchter Wunden und Schürfungen.
Im Nasen-Mund-Bereich, bei Aphthen (Mundausschlägen) und Mundfäulnis.

Das Sammeln der Minze

Die Minze wird in der frischen Kühle des entstehenden Tages in Büscheln gesammelt und an der Kräuterleine im Schatten an einem gut belüfteten Ort getrocknet. Der Minzentee wird heiß aufgegossen. Seine Gallenwirksamkeit wird durch längeres Ziehen erhöht, da seine Bitterkeit erst dann zum Tragen kommt. Bitteres wirkt auf die bittere Galle.

Mistel
Angeleimter Kosmos
zur Stimulation des Immunsystems

Im Herbst, wenn das Leben erlischt, die Blätter fallen, die Früchte verwesen, erlaben sich allerhand Parasiten, Pilze, Bakterien und Mikroorganismen am Restlicht, das diesem zerfallenden Gewebe noch abzugewinnen ist. Es ist ihre Hohezeit, wenn lebendige Zellen abschilfern und diesen «Second-hand-Lichtdealern» zufallen. Parasiten sind nicht böse, nein, sie sind so genügsam, daß ihnen Abfallicht, das aus dem zerfallenden Blattgrün zu gewinnen ist, genügt - genau wie im Menschen, wo Parasiten, Pilze, Viren und Mykoplasmen aufleben, wenn Zellen am Absterben sind. Auch hier wird immer wieder Ursache und

Viscum album

Wirkung verwechselt: Gewebe zerfällt primär nicht wegen den Parasiten; im Gegenteil, weil Gewebe zerfällt, Zellen absterben, gedeihen Parasiten. Was heißt absterben in der Natur? Es heißt: Wärme, Licht und Leben verlassen die Erde; es wird Herbst und Winter. Wenn Wärme, Licht und Lebenssaft den Menschen verlassen, wird er immunschwach, so daß nicht mehr er selbst in sich haust, sondern Mikroben in ihm zu hausen beginnen.

Was kann die Mistel? Die Mistel hat schleimige Beeren, die so stark klebrig sind, daß sie überall ankleben. Schleim, der klebt, heißt Leim. Dem Vogel klebt die Beere am Schnabel; er versucht, sie an einem Ast abzustreifen, und leimt so die Beere an die durch den Schnabel aufgeritzte Baumrinde. Der grüne Keimling in der Beere wächst auf der einen Seite mit dem grünen Senker in die Rinde hinein und verbindet sich mit Bast, Holz und Ast; und auf der anderen Seite entwickelt sich ein grünes kugeliges Gebüsch, das selbst die blätterlosen Bäume im Winter zu begrünen vermag. Diese grüne Pflanze hat Glieder wie ein Insekt, und aus ihr lassen sich hochkomplizierte Eiweiße gewinnen, obschon Eiweiße eigentlich ins Reich der beseelten Tierwelt gehören. Diese grüne Tierpflanze phosphoresziert gelblich, das heißt, sie weist Zeichen auf, die von Geistdurchdrungenheit herrühren. Geist, Seele und Lebenskräfte werden über die Schleimbeere ans Holz geklebt. Die Mistel klebt Geist, Seele, Lebenskraft und -saft wieder an den physischen Leib, womit die Immunschwäche behoben wird. Richtig wäre es, die Mistel in die menschliche Rinde, die Haut, hineinzuspritzen, so wie der Baum durch den Vogel angeritzt wird.

Die Mistel stellt den lebendigen Naturprozeß dar, wo entgegen den Jahreszeiten, entgegen dem großen Sterbensrhythmus der Natur begrünt und belebt wird. Gelegentlich gelingt es der Mistel sogar, die kalkharten Eichenrinden zu durchdringen. Kalk ist jedoch Substrat der Knochen, und die Eiche ist ein Baum gewordener pflanzlicher Knochen. Diese Mistel wäre zur Behandlung von Knochenkrebs besonders geeignet. Es sind jedoch nur ganz wenig Eichenmistelstandorte bekannt, die es zu schonen gilt. Da Tannen eine Beziehung zu den Lungen haben, ist Tannenmistel gut bei Lungenkrebs und bei Immunschwächen der Atmungsorgane. Misteln von Rosenblütern wie dem Apfelbaum wirken gut bei Krebs der Gebärmutter, der fruchttragenden Organe. Misteln der Silberpappel und der in Sümpfen lebenden Bäume eignen sich bei Lymphkrebs und der wasserregulierenden Organe des Urogenitaltraktes. Wenn die Beziehung der Bäume zu den Organen richtig ist, sollte sich nach dem Spritzen von Mistelpräparaten der anthroposophischen Medizin auch eine Fieberreaktion ergeben als Zeichen dafür, daß das Immunsystem durch das Geistige der Mistel wieder geweckt wurde. Ist es möglich, durch Spritzen Krebs erfolgreich zu behandeln, so ist es wohl auch möglich, durch Kaltwasserauszüge von Mistelblättern - ohne die Beeren, sie sind zu giftig - eine Immunstimulierung zu bewirken. Geistleib, Seelenleib und Lebensleib werden wieder am physischen Leib angeklebt. Der radiale Stamm wird an den runden Mistelkosmos angeschlossen.

Anwendung des Mistelkaltwasserauszugs

Bei Immunschwächen aller Art, speziell bei Immunschwächen der Atemorgane: Tannenmistel.
Bei Immunschwächen der Frau, des Unterleibs, des Urogenitalgebietes (Harn- und Geschlechtsorgane): Apfelmistel.

Bei Immunschwächen des Darms: Mistel von Pappeln. Es kann jedoch auch einfach eine Mistel verwendet werden, die gefunden wird; oft wird nicht näher unterschieden.
Bei therapieresistenten Parasitenbefällen wie Pilz, Amöben, Würmern, Bakterien und viralen Infekten können immer auch Mistelkaltwasserextrakte (ohne die giftigen Beeren) versucht werden.

Sammeln und Zubereiten von Misteln

Die Misteln können im Klettern geerntet werden. Oft müssen erhebliche Künste vollbracht werden, um sie liebevoll zu ernten.
Die Mistel wird an einem schattigen Ort aufgehängt und getrocknet. Für den Kaltwasserauszug werden die Blätter ohne die Beeren zerkleinert und am Abend zuvor in kaltes Wasser eingelegt. Der Tee wird dann morgens abgesiebt und schluckweise über den Tag getrunken, etwa ein halber Liter täglich. Man beachte die persönliche Verträglichkeit. Kur: fünf Tage pro Woche während eines Monats. Die Konzentrationen können variiert werden. Bei Injektion von Mistelextrakten durch den Arzt, zum Beispiel bei Krebs oder bei Einnahme von potenzierten homöopathischen Mistelpräparaten, wird der Misteltee beiseite gelassen.

Schwarztee
Der Oberflächenglätter
für die Augen

Lassen Sie Schwarztee stehen, so bildet sich auf der Oberfläche eine glatte Haut. Schwarztee ist ein Heilmittel für die Schleimhäute und die Haut allgemein, und zwar dort, wo sie ganz schön glatt sein soll. Tee hemmt die Entzündungen, gerbt und ist ein ideales Heilmittel bei Augenentzündungen und bei Durchfall. Bei Bindehautentzündung wird ein Schwarzteebeutelchen direkt auf das Auge gelegt oder Tee ins Auge getropft. Kamille dagegen gehört nicht in die Augen! Sie reizt diese zu stark. Der Schwarztee ent-

Thea sinensis

hält Fluor. Fluor aber braucht der Mensch für den Intellekt. Teedamen neigen daher zu intellektuellen Gesprächen auf Distanz, im Gegensatz zu Biertrinkern, weil Bier kumpelhaft verbrüdert. Schwarztee schließt den Ätherleib stark ab, macht ihn (zu) kompakt, während das Bier ihn zum Ausfließen bringt, womit ein Wollustgefühl einhergeht. Der Fluorprozeß bewirkt im Menschen, daß die Zähne glatt und abweisend, hart werden - so aber auch die Gedanken! Die Hornhaut wird durch ihn ebenfalls spiegelnd glatt. Daß der Mensch kein Fell hat, sondern nackt ist, ist ebenfalls dem Fluorprozeß zuzuschreiben. Die Gerbsäure des Schwarztees macht Haut und Schleimhaut zäh und widerstandsfähig wie Leder. Schwarztee eignet sich als Tee bei Durchfällen, weil er die Schleimhaut gerbt. Den Salzverlust macht man am besten durch kleine Zugaben von Backpulver wett.

Schwarztee ist in südlichen Gegenden angezeigt, wo die Sonne einen übermäßigen Intellektualisierungsprozeß wettmacht. Im Norden, in England, bewirkt er Sklerotisierung und Verhärtung, so daß sich degenerative, Parkinsonähnliche Nervenkrankheiten verstärken, ist also nichts für zittrige alte Leute. Tee ist ein Getränk, geeignet, um sich in intellektuelle Diplomatengespräche zu steigern. Ein morgendlicher Schwarztee kann jedoch helfen, sich selbst wiederzufinden, in sich abzuschließen, nachdem nachtsüber Seele und Geist ausgeflogen waren. Das Thein ist eine nierenwirksame Substanz, die die Seele ins Nierensystem inkarnieren hilft. Dies kann beim Asthma heilend wirken, weil sich bei dieser Krankheit der Astralleib von den erschöpften Nieren abgelöst und zu fest in die Lungen verkrallt hat. Der Schwarztee holt die Seele (den Astralleib) wieder in die Nieren zurück, wo sie ihren Hauptsitz hat.

Anwendung von Schwarztee

Bei Augenentzündungen konzentrierten, etwas stehengelassenen Schwarztee ins Auge träufeln oder damit Umschläge machen.

Bei Durchfällen ebenfalls stehengelassenen konzentrierten Tee, zusammen mit einer Messerspitze Backpulver.

Bei Asthma morgens einnehmen. Am Morgen eingenommen, stimuliert der Schwarztee die Nebennieren.

Bei offenen Ekzemen (Hautentzündungen) als Handbad oder als Umschlag zur symptomatischen Entzündungshemmung.

Wegwarte
Rhythmus ist ihr Leben
für Milz und Bauchspeicheldrüse

Die blaue Wegwarte und der gelbe, strahlende Löwenzahn, die beiden Korbblütler, ergänzen sich wie die gelbe Sonne und der blaue Himmel; sie verhalten sich polar zueinander. Ist der eine kräftig strahlend, so ist die andere bescheiden, unauffällig, aber zäh und steht sozusagen mit eingezogenen Schultern da; denn die Wegwarte trägt ihre hellblauen Blüten geschützt in den Blattachseln. Sie hat es nicht leicht, an Wegrändern zu leben, wo oft getreten und eingestäubt wird. Trotzdem läßt sie täglich eine Blüte erblühen. Sie läßt ihren inneren Rhythmus nicht vom äußeren stören. Das Seelische ergreift in ihr rhythmisch

Cichorium intybus

das Ätherische. Genau dies bewirkt die Wegwarte auch als Heilmittel und als Tee eingenommen im Organismus. Sie unterstützt so die Milz, welche die Aufgabe hat, als Saturnorgan fremden äußeren Rhythmen Grenzen zu setzen, auf daß sich die körpereigenen erhalten und entfalten können. Durch die Rhythmen der Jahreszeiten bedingte Allergien auf Pollen und andere Stoffwechselprozesse der Natur hilft sie bewältigen und so die Immunvorgänge stützen. Fremdleben, das in den Körper eindringt, wird dadurch abgebaut und besser überwältigt statt umgekehrt.

Cichorium intybus schützt unsere Säfte und das Blut vor krankhaften Störungen und kann den Blutzucker senken. Zudem ist sie das geeignete Heilkraut bei chronischen Blinddarmreizungen. Am besten wird sie morgens nüchtern als ungesüßter Tee schluckweise eingenommen. Man stelle sich einen Liter Tee für den Tag bereit. Wie die Sonne und der blaue Himmel ergänzen sich auch Leber und Milz mit ihren zugehörigen Organen Galle und Bauchspeicheldrüse, ebenso wie in der Natur ihre Heilkräuter Löwenzahn und Wegwarte. Jeden Tag weckt die Wegwarte den Ätherleib durch eine neu sich entfaltende Blüte.

Anwendung der Wegwarte

Bei chronischen Darmreizungen, chronischer Blinddarmreizung oder chronischer Divertikulitis; bei Morbus Crohn (Crohn-Krankheit) und Colitis ulcerosa (schwere Darmentzündung).

Bei Appetitlosigkeit zum Schutz der Verdauungssäfte und Organe.

Zur Verhinderung des Eindringens fremder Lebensprozesse und Störrhythmen bis ins Blut und in die da hineinwirkenden Hormone produzierenden Drüsen.

Zur Senkung des Blutzuckers, zur Stärkung des Immunsystems, auf daß sich die eigene Seele wie die Wegwartenblüte täglich neu entfalten kann.

Sammeln der Wegwarte und Zubereiten des Tees

In den frühen Morgenstunden, bevor die Wegwarte die neuen frischen Blüten entfaltet, werden Stengel, Kraut und Blüten geerntet, in Büscheln aufgehängt und so an der Kräuterleine im Schatten getrocknet. Die Wurzeln werden im Spätherbst oder sogar in der Winterszeit gegraben, denn dann spielt sich das Pflanzenleben im Erdinneren unter dem Boden in den Wurzeln ab.
Wurzeln werden vor dem Gebrauch zerkleinert, nachtsüber im Wasser eingelegt und am morgen kalt oder als Tee aufgekocht getrunken. Wegwartentee nüchtern zu Tagesbeginn schluckweise trinken.

WEISSDORN STRAUCH GEWORDENES HERZKRANZGEFÄSS *für das Herz*

Der Weißdorn ist der Haferbrei für das Herz! Ich meine damit: Was der Hafer für das Pferd, ist der Weißdorn für das Herz. Um ein Pferd in Bewegung zu versetzen, habe ich zwei Möglichkeiten: die Peitsche oder den Hafer. Sie können das Herz jagen und abschinden und so die letzten Kräfte mobilisieren, oder Sie können ihm Aufbaunahrung geben, so daß es noch lange schlägt. Unter den Heilpflanzen ist der giftige Fingerhut die Peitsche und der Weißdorn das Futter: Tee aus blühenden Weißdorntrieben im Frühjahr vermittelt dem Herzen neue Triebkräfte, trägt

Crataegus oxyacanthus

den Frühling ins Herz hinein: die Blüten im Frühling, um das Herz zu beseelen, die Weißdornblätter im Sommer, um durch die Blattatmung die Zellatmung und durch den rhythmischen Blattbereich den Ausgleich zwischen Wurzel und Blüten, zwischen Kopf und Bauch, Nervensystem und Stoffwechselpol zu erlangen, das mehlige, ernährende Fruchtfleisch der roten, dem Herzen verwandten Weißdornbeeren im Herbst.

Weißdornfrüchtefleisch ernährt den nach Herzinfarkt geschädigten Herzmuskel, so daß das abgemagerte, nach Digitalistherapie ausgezehrte, ausgehungerte Herz wieder zum kräftigen Muskel wird. Das Fruchtfleisch hat die Aufgabe, den Samen zu ernähren und dadurch die neue Pflanze zum Keimen zu bringen. Die ganze Wachstumsdynamik konzentriert sich im Samen, welcher Ballungszentrum und lebendigen Konzentrationsprozeß, Keimpunkt für die neue Pflanze, für den neuen Herzschlag darstellt. Erweiterte Herzen schreien nach der Samenkraft des Weißdorns. Zusammengezogene Herzen verlangen nach Fruchtfleisch, nach Blättern, nach Triebspitzen. Der Weißdorn ist die beste Heilpflanze für das erschöpfte Altersherz und gehört als Tee für alte Leute täglich auf den Tisch. Weißdorntee verlängert Ihr Leben, erübrigt starke Digitalisdosen und verbessert die kapillare Herzdurchblutung.

Betrachten Sie im Winter meditativ einen alten, blattlosen Weißdornstrauch vor dem Himmel, so sehen Sie im Geäst ein feinstes Kapillarnetz vor sich. Der Weißdorn unterliegt denselben astralen Kräften wie das Herz mit seinen Kranzgefäßen. In der Neigung zur Dornenbildung zeigt sich die Dynamik des Zusammenziehens. Dornen sind nichts anderes als durch den Astralleib ergriffene, zusammengezogene Ästchen. Der Strauch unterliegt also einer starken Astralisierung, die er durch seine starke Wuchskraft auffangen kann, ganz ähnlich dem Schlehdorn. Was der Schlehdorn bei Leberschwächen, ist der Weißdorn bei Herzschwächen. Begießen Sie Ihr Herz mit Weißdorntee gleich einer Pflanze, um es zu neuem Wachstum anzuregen.

Weissdorntee

Bei schwachem Herzen, ob in der Jugend oder im Alter, als sinnvoller Genußtee mit herzausgleichender Wirkung. Nach Herzerschöpfung, Herzinfarkt und Herzmuskelschwächen aller Art.
Nach Herzentzündungen in der Rekonvaleszenzphase. In der akuten Phase von Herzerkrankungen ist Arnika in seinen verschiedenen Anwendungsformen (als Homöopathikum D6 oder D12 oder akut als Umschlag auf das Herz) angezeigt.
Weißdornblätter bei Rhythmusstörungen, Triebspitzen bei Herzkrämpfen; das mehlige Fruchtfleisch zur Herzernährung; die zerstoßenen, steinharten Samen leicht potenziert bei Herzerschlaffung; die Blüten zur Herzbeseelung.
Der Weißdorntee eignet sich als Genußtee am Sonntag.

Sammeln und Trocknen des Weissdorns

Vom Weißdorn werden Blüten, Blätter und Beeren durch das Jahr gesammelt und entweder frisch oder auch getrocknet zum Tee zubereitet. Wie immer beim Sammeln ist es richtig, dann zu ernten, wenn uns die Heilpflanze begegnet und unsere innerliche Bereitschaft da ist, liebevoll die Geschenke der Natur zu würdigen und respektvoll damit umzugehen. Wir schenken der Heilpflanze unsere Liebe, und sie schenkt uns einige Blätter und Blüten

oder einige Beeren. Wir düngen die Heilpflanze mit unserer Seele, sie schenkt uns ihre Heilkräfte. Die Blätter und Triebspitzen beleben den Herzkreislauf, die Blüten beseelen ihn, und die Beeren ernähren das Herz. Getrocknet wird am Halbschatten, Zweige können auch an der Kräuterleine aufgehängt werden.
Eine gute Sammelzeit für Blätter und Triebspitzen ist der frühe Morgen. Die Blüten sammeln wir um die gleiche Zeit wie die Insekten, die ihren Nektar suchen. Die Beeren pflücken wir nachmittags, wenn sie gereift sind. Der Tageslauf kann mit dem Jahreslauf verglichen werden: Morgen, Mittag, Nachmittag und Abend entsprechen Frühling, Sommer, der Erntezeit im Spätsommer und Herbst. So können die jeweiligen Erzeugnisse der Heilpflanze in den richtigen Tagesabschnitten gesammelt werden. Dies gilt allgemein sowohl für das Sammeln wie für das Zu-sich-Nehmen und Heilen. Der Weißdorntee selbst kann entweder angegossen oder auch leicht gekocht werden; jedenfalls muß er genügend lang ziehen.

Zitronenmelisse
Die Prinzessin der Nesseln
für die Nieren

Sie sticht heraus aus dem Nesselvolk, zu dem sie früher gerechnet wurde, wie eine Prinzessin. Die Kosmetika dieser Dame sind edelste Zitronendüfte, die sie bei der leisesten Berührung von sich strömen läßt. Sie ist eine in Parfüm gehüllte Pflanze. Sie heilt so ziemlich alles, an dem Prinzessinnen leiden mögen: Schwindsucht beim Erscheinen des Prinzes, Bleichsucht und Blutarmut der

Melissa officinalis

Schneewittchen und Dornröschen, Liebeskummer, der auf Magen, Gebärmutter und Herz schlägt, Seelenschmerz, der an die Nieren und Nerven geht. Sie vermittelt die so sehr begehrte, unter dem streng herrschenden Elternpaar vermißte Seelenwärme. Sie ist ein Lippenblütler, eine Wärme vermittelnde Venusheilpflanze. Ihrem äußeren Aussehen nach wird sie gerne mit den Nesseln verwechselt. Die Blüten trägt sie als halbkreisförmige Krone in Weiß. Jede Blattentfaltung wird sofort gekrönt, und schon wird zur nächsten Generation von Blatt und Blüte fortgeschritten. Dieser rhythmische Wechsel wiederholt sich im Laufe des Wachstums eines Zweiges bis zu zwanzigmal. Auch den Nesseln, die auf die rhythmischen Vorgänge im Körper heilend einwirken, liegt derselbe rhythmische Wechsel zugrunde.

Herzrhythmus- und Kreislaufstörungen werden durch die Zitronenmelisse geheilt. Rhythmusstörungen der Gebärmutter werden durch sie ausgeglichen. Die Gebärmutter ist das Herz im Bauch, das einmal pro Monat schlägt.

Der Venusprozeß in der Natur ist das Kupfer; Eisen ist der Marsprozeß. Die Brennessel ist eine von Mars beeinflußte, eisenregulierende Heilpflanze. Die Eisenregulation selbst wird jedoch durch die Kupfergruppe (Nickel, Kupfer, Kobalt, Mangan) getragen. Kupfer findet sich in der Zitronenmelisse, Eisen in der Brennessel. Ein Mars ohne Venus ist auf die Dauer unerträglich. Um gutes Blut zu erhalten, muß abwechslungsweise mit Kupfer (Nickel, Kobalt, Mangan) und Eisen therapiert werden. Wenn Eisen nichts nützt, hilft Kupfer. Blutarmut, Bleichsucht und Asthenie (allgemeine Körperschwäche) werden daher einen Monat lang morgens mit Brennesseltee und abends mit Melissentee behandelt. Die Melisse dient der Liebe, der

Wärme und dem Auffangen zerstörender Seelenkräfte; sie ergänzt so den Eisenstoffwechsel, welcher zur kraftvollen Tat führt. Melissengeist bei Kollapsneigung, Gebärmutterkrämpfen und Herzschwächen, bei Magen- und Nierenkoliken, seelischen Verkrampfungen usw. ist ein altbewährtes Heilmittel der Frauenklöster. Mönche müßten ihrerseits eigentlich einen Brennesseltrunk zubereiten. Überall, wo das Herz des Menschen bedrängt wird, sind Nesseln heilend, denn sie schützen es gegen außen: die Brennessel durch tatkräftigen Abbau und aktive Abwehr der Stoffwechselattacken auf das Herz, die Zitronenmelisse durch Auffangen von zerstörenden Nervenprozessen und Streß. Wie der Herzbeutel das Herz schützen die Nesseln und die Melisse dieses unser zentralstes Organ des Menschseins. Draußen in der Natur wachsen Brennesseln und Melissen um den Bauernhof, dem innersten Organ des landwirtschaftlichen Organismus, drinnen im Menschen um das Herz herum. Die Brennessel vermittelt ihm Schutz, die Melisse Wärme und Liebe. Das Herz selbst wird durch den Weißdorn gestärkt. Die Melisse ist die Prinzessin, die Brennessel der Prinz, die Arnika der König, der Weißdorn die Königin im Hause des Herzens.

Anwendung der Zitronenmelisse

Bei Hypotonie (niedrigem Blutdruck) sowie Kollapsneigung (Zusammenbruch der Lebensfunktionen).
Bei Streßsituation zur Unterstützung der Nieren.
Bei Herz-Kreislauf-Störungen und angespanntem Blutdruck.
Bei Menstruationsstörungen und Menskrämpfen als Tee oder als wärmendes und entspannendes Sitzbad.
Als Genußtee mit Heilwirkung auf die Nieren.

Sammeln von Zitronenmelisse

Die Pflanze soll frühmorgens in der Dämmerung gesammelt werden. So wird die ganze Frische des entstehenden Tages mitgeerntet. In Büscheln zusammengebunden im Schatten an der Kräuterleine trocknen. Der Tee wird heiß aufgegossen.

Zwölf Homöopathika zur inneren Anwendung

Warum zusätzlich ein Homöopathikum?

Oft treten Situationen auf, die schlecht aushaltbar sind und bei denen der Gesundungsvorgang beschleunigt werden muß. Rhythmisierte Heilmittel enthalten Zeit; mit ihnen können Renovationsarbeiten (sprich Krankheiten) beschleunigt werden. Homöopathika hoher Potenzen beschleunigen enorm und bergen die Gefahr in sich, daß ein parallel zur Heilung fälliger Seelenprozeß nicht Zeit genug hat stattzufinden. Mit Umschlägen, Hand- oder Fußbädern und Tee bewegt man sich im Bereich der normalen Wachstums- und Lebensgeschwindigkeiten. Sie eignen sich, um eine Krankheit zu begleiten, um gute Heilungsbedingungen für Körper, Geist und Seele zu schaffen.

Homöopathika beschleunigen und bedingen, damit ihre Anwendung sinnvoll ist, ein Sichbesinnen, eine Rück- und Vorwärtsschau nach überstandener Krankheit mit dem Willen, Lebens- und Gewohnheitsänderungen vorzunehmen, um nicht gleich nochmals eine Krankheitsrunde drehen zu müssen. Wiedererlangte körperliche Gesundheit ist ein Geschenk, das uns erlaubt, die Göttertaten selbst zu sehen, ihnen zu lauschen, sie zu lieben, um daraus Erkenntnisse zu gewinnen über unser Menschsein.

Einstieg in die Homöopathie

Ich verstehe Ihre Unsicherheit beim Gebrauch von Homöopathika. Erst Erfahrungen ergeben eine zunehmende Sicherheit in ihrer Handhabung. Um Ihnen diesen Einstieg zu erleichtern, schlage ich vor: Beginnen Sie mit Arnika D6, dem wichtigsten Medikament der ganzen Naturheilkunde. Sie könnten mit dieser einzigen Heilpflanze direkt eine erfolgreiche Praxis eröffnen. Denn Arnika ist fast immer berechtigt, weil Arnika, dieser hochentwickelte Korbblütler, ein Urgesundheitsprinzip in der Natur darstellt: Arnika ist Sonne, ist Blüte, ist Blut. Arnika ist kieselige Wurzel, ist Kristall, ist Nerv. Als Heilmittel trägt sie Sonnenkraft, Ichkraft über das Blut bis ins Nervensinnessystem. Arnika umfaßt den ganzen Menschen. Krankheit, Verletzung ist Unordnung in der Hierarchie der Wesensglieder: Körper, Lebensleib, Seele und Geist sind durcheinandergeraten. Arnika stellt alle Geschehnisse im Menschen wieder unter die Regie seines Geistes, und das bedeutet Gesundheit. Arnika verbessert die Durchblutung bis ins Mikrokapillare. Das Blut ist der Sitz des Ichs. Das Ich gelangt so überall hin, erwärmt sonnenhaft über die Blutwärme die Gewebe bis hin zu Nerv und Hirn. Einzig zu konzentrierte Gaben von Arnikatinktur oder zu häufige Gaben von homöopathisch verdünntem Arnika könnten Blutungen bewirken. Halten Sie sich an die Dosierungsanweisungen, so ist Arnika eines der sanftesten und am meisten angebrachten Heilmittel. Es gibt kaum eine Situation, in der eine bessere Durchblutung nicht zur Heilung beitragen würde!

Haben Sie jetzt Lust, Ihre Heilpraxis, die sich homöopathischer Heilmittel bedient, aber von einem anderen Menschenbild und einem erweiterten Simile-Prinzip ausgeht, von einem auf vier Heilmittel zu erweitern? So lernen Sie als nächstes die Heilmittel der Biene (Apis D6), der Tollkirsche (Belladonna D6) und des Quecksilbers (Mercurius D12) handhaben - ein Gifttier, eine Giftpflanze und ein giftiges Metall. Giftigkeit bedeutet, daß ein höheres Wesen mit im Geschöpf steckt: Ein Tier zieht Geistiges an, verinnerlicht es und wird zum Gifttier; eine Pflanze zieht Seelisches an und wird dadurch zur Giftpflanze; ein Metall zieht Lebendiges an, verinnerlicht es und wird zum giftigen Mineral. Das heißt, Höheres dringt in die nächsttiefere Hierarchie! Verabreicht man bei einer Entzündung, beispielsweise der Mandeln, oder bei einer Eiterung nacheinander oder auch gleich zusammen Apis D6, Belladonna D6 und Mercurius D6, so wird im kranken Menschen Geistiges wieder ans Seelische getragen. Seelisches durchdringt wieder das Lebendige, und Lebenskräfte ergreifen wieder den physischen Körper. So wird der Körper wieder belebt, ein Instrument der Seele im Dienste des Geistes, und das geziemt sich für einen Menschen. Im Gegensatz dazu steht der Prototyp des aus dem Paradies gestoßenen Menschen, bei dem die Sinnesreize des Körpers die Drüsensäfte beherrschen, welche die Seele dirigieren und vom Ich fernhalten, so daß er ohne Ich süchtig ist. Sucht ist, wenn ES befiehlt, statt daß ICH befehle.

Ein Bienenstich erhitzt, Tollkirsche beseelt, Mercurius belebt. Die Biene trägt Sonnenwärme ins Seelische und reguliert Fieber, die Tollkirsche trägt Seelisches ans Ätherische und reguliert Schmerzen, Mercurius vivus trägt Lebendiges ins Physische und reguliert Abkapselungs- und

Ausscheidungsprozesse von Absterbendem; denn nur was vom Leben ergriffen werden kann, läßt sich auch ausscheiden. Verabreichen Sie zusammen oder nacheinander Apis D6, Belladonna D6 und Mercurius D12, so haben Sie ein Universalrezept, um Fieber, Schmerz und Ausscheidungsprozesse zu bewältigen.

Mit diesen vier Heilmitteln sind Sie in der Lage, Ihrer Familie, Ihren Kindern, Menschen und Tieren bei Krankheit zur Seite zu stehen, unabhängig und frei zu werden.

Dosierung der Homöopathika

Drei- bis fünfmal für D6, zwei- bis dreimal für D12 täglich außerhalb der Mahlzeiten etwa fünf Kügelchen auf der Zunge vergehen lassen oder in etwas Wasser (nicht in Tee) auflösen und schluckweise trinken. In akuten Fällen kann die gleiche Menge alle zwei Stunden wiederholt oder auf ein zweites Mittel zurückgegriffen werden. Die Medikamente sind gefahrlos, wenn sie nicht zu häufig oder zu lange eingenommen werden. Eine einmalige falsche Einnahme, zum Beispiel durch Kinder, ist völlig harmlos. Die Medikamente dürfen auch während der Schwangerschaft und der Stillzeit eingenommen werden, wenn sie angebracht sind.

Verschiedene in Frage kommende Mittel in zehnminütigen Intervallen einnehmen. Im allgemeinen reichen bei akuteren Störungen ein bis fünf Einnahmen, um eine Änderung herbeizuführen. Die Behandlung kann aber bis auf eine Woche ausgedehnt werden, falls die Krankheitserscheinungen noch mit dem Mittel übereinstimmen.

Nehmen Sie die Medikamente aber nie länger als eine Woche ein, wenn von Heilkundigen nicht anders verordnet. Beachten Sie auch die individuelle Verträglichkeit. Bei sehr sensiblen Personen sind seltenere Gaben angezeigt.

Berühren Sie die Kügelchen möglichst wenig und halten Sie Parfums, Seifen, Aromen, Metalle, Duftstoffe sowie chemische Medikamente wie Antibiotika davon fern. Schütten Sie berührte Kügelchen nicht zurück. Durch leichtes Klopfen mit dem Zeigefinger können die Kügelchen gut dosiert werden. Am besten bewahren Sie die

Homöopathika im Geschirr- und nicht im Toilettenschrank auf.

Homöopathische Mittel können ihre Wirkung trotz gleichzeitiger Einnahme anderer Pharmazeutika günstig entwickeln, so daß die übliche medikamentöse Behandlung oft früher abgebrochen werden kann.

Beispiele zum Gebrauch:

- Erkältungsbedingtes Fieber wegen Durchzug: Acon, zweimal täglich fünf Kügelchen in etwas Wasser auflösen und schluckweise vor dem Essen trinken.
- Fieber mit Schweißausbrüchen: Bell, drei- bis fünfmal täglich fünf Kügelchen direkt auf die Zunge streuen.
- Fieber mit starker Erregung bei Kindern: Zusätzlich zu Bell noch zweimal täglich fünf Kügelchen Chamomilla.
- Fieber durch einen Umlauf am Finger mit beginnender Streuung ins Blut: Lach, zweimal täglich fünf Kügelchen.
- Fieber aufgrund einer Lebensmittelvergiftung: Sulf, dreimal täglich etwa fünf Kügelchen.
- Fieber aufgrund von Galleerbrechen: Berb, drei- bis fünfmal täglich fünf Kügelchen.

Mit homöopathischen Mitteln kann prinzipiell auf zwei mögliche Arten umgegangen werden:

1. Nach dem Simile-Prinzip: Gleichem mit Ähnlichem begegnen. Ein Beispiel: Bei Brennschmerzen der Füße, die nachts vor Hitze aus dem Bett gestreckt werden müssen, gibt man Sulfur D6 dreimal täglich, bis die Beschwerden vorüber sind.
2. Oder man setzt bei einem chronisch rheumatischen Leiden Sulfur ein, ohne daß spezifische Symptome wie

Brennschmerzen vorhanden sind. Sulfur D6 dreimal täglich wird dann allerhöchstens so lange eingenommen, bis sich Brennschmerzen am Körper einstellen. Das Sulfur aktiviert den Stoffwechsel und fördert die Ausscheidung von Ballaststoffen, so daß ein dunkler, stark riechender Urin ausgeschieden werden kann. Diese Art der Verordnung verlangt eine Einsicht in die Dynamik der Ausgangssubstanzen in der Art, wie sie unter Sulfur, Schwefel, beschrieben wird.

Die Wesenskenntnis der Ausgangssubstanzen vorausgesetzt, können die zwölf Heilmittel über den rein homöopathischen Rahmen hinaus Verwendung finden. Ja, es gelingt sogar, organaufbauend zu wirken: bei den Augen mit Belladonna, beim Dünndarm mit Chamomilla usw.

Die Wirkung der Heilmittel kann bedeutend intensiviert werden, wenn ein Mittel durch den Arzt direkt über der befallenen Körperregion oder in entsprechende Zonen und Punkte unter die Haut gespritzt wird. Ampullen können bei den Firmen *Weleda* und *Wala* über jede Apotheke bestellt werden.

Aconitum napellus
Der Eisenhut, der Sturmhut
(äusserst giftig)
für die Lungen und bei Erkältungen

Pflanzen sind lebende Antennen für kosmisch-atmosphärische Einflüsse. Gift entsteht in einer Pflanze dann, wenn sie zuviel seelisch-astrale Sternenkräfte empfängt, für die sie von ihrem pflanzlichen Dasein her nicht die Behausung sein kann. Der Eisenhut ist den atmosphärisch-astralen Kräften in den Bergen stark ausgesetzt. Er wird durch

Acon

die von ihm angezogenen seelischen Kräfte «überfordert» und muß sie in Form von Alkaloiden, als Giftstoffe, zur Ausscheidung bringen. Würden wir uns mit diesem stärksten Gift in unserer Pflanzenwelt vergiften, so nähmen wir diese Seelenqualitäten auf und würden davon überwältigt. Der Puls würde hart und langsam, das Bewußtsein steigerte sich zur Angst. Als homöopathisches Medikament eingenommen, kann uns der Eisenhut jedoch helfen, denn er hat die Fähigkeit, überschießend Seelisches in seiner Alkaloidbildung auszuscheiden. Er hilft bei Ängsten, wenn wir seelische Erlebnisse nicht mehr geistig bewältigen können, wenn unser Körper der Seele nicht mehr Tempel sein kann.

Der Eisenhut ist blau. Es ist das Blau des dunkelnden Himmels, der Schattenseite, der Nacht, des Nervensystems, des Saturns. Ihm gegenüber steht das aromatische Blütengelb der Arnika, das Gelb des Jupiters. Der Eisenhut siedelt sich mit Vorliebe auf Kreten und Paßhöhen an, Orten des eisigen Durchzugs, wo er durch Wind und Wetter geschüttelt wird, wo wir uns erkälten würden, er jedoch eisern widersteht. Er wirkt deshalb homöopathisch auch bei Schüttelfrösten, bedingt durch Erkältung und Durchzug, und wandelt kalte nervliche Angespanntheit in warme entspannende und Gift ausscheidende Schweißausbrüche. Er nimmt den Krankheitsverlauf bei Erkältungsgrippen vorweg, so daß der Körper nicht mehr mit starkem Fieber reagieren muß. Er mag so den bis in die Kristallstruktur erstarrten Krankheitserregern, den Viren, zu begegnen, die sich mit Vorliebe an das - bildlich gesprochen - ebenfalls kristallhaft erstarrte Nervensystem lagern. Starke Formkräfte werden im Feinstofflichen durch die Wurzeln und saturnische Wärmekräfte durch die Blüten des Eisenhuts auf die erkälteten Organe übertragen und wirken so organzerstörenden Entzündungen entgegen, speziell im Bereich der saturnabhängigen Sinnesorgane.

Aconitum napellus D12

Bei Schüttelfrösten, Fieber im ansteigenden Stadium, bei Hals-, Nasen-, Ohren-, Augen-, Lungen-, Blasen-, Nierenentzündung durch Erkältung, Durchzug und Viren bedingt, bei Ischialgien (Ischiasnerventzündung), Neuralgien (Nervenentzündungen), akuten Nervenschmerzen im Zusammenhang mit Erkältungen, bei Unruhe und Angst mit starkem Herzklopfen und hartem Puls vor allem nachts, bei Fieberblasen, Gürtelrose, Herpes (Hautgeschwüren) und bei anderem.

Apis mellifica
Die Honigbiene
für das Hirn und bei Schwellungen

Die Biene, das Insekt der Sonne, des Lichts und der Wärme, bringt als homöopathisches Medikament Licht, Wärme und kosmische Sonnen-, Venus- und Merkurkräfte in den Körper hinein. Ausdruck dieses Prozesses ist auch der Bienenwachs. Wird er verbrannt, werden seine Licht- und Wärmequalitäten unmittelbar sicht- und spürbar. Der wunderbare Duft von Honig und Wachs sowie die sechseckigen Waben (sechseckig wie Bergkristall) verraten die kosmische Herkunft dieser Heilkräfte. Die Temperatur des Bienenstocks von zwanzig bis fünfundzwanzig Grad Celsius weist auf die Verwandtschaft zum menschlichen Wärmeorganismus hin. Dieser wird durch Apis gestärkt, was den Menschen befähigt, degenerativen verhärtenden Kältekrankheiten zu begegnen. Über den Wärmeorganismus setzt sich der Mensch auch gegen Körperfremdes (Allergene) in Form von fiebrigen Entzündungsreaktionen durch. Werden wir von einer Biene gestochen und nehmen wir

Apis

sofort das homöopathische Mittel Apis D6 ein, so machen wir den Organismus frühzeitig auf die Intoxikation aufmerksam. Der Organismus ist dann in der Lage, der Vergiftung zu begegnen, bevor es zur allergischen Schwellung kommt.

Die Biene bringt kosmische Kräfte auf die Erde, im Gegensatz zur Schlange, die mit ihrem Gift Irdisches auflöst und wieder in den Kosmos bringt (siehe Lachesis mutus). Daraus wird verständlich, daß Apis vor allem rechtsseitig wirkt, wogegen Lachesis seine Heilkräfte bei linksseitigen Leiden entfaltet. Denn rechts ist die Leber, wo Stoffliches aufgebaut wird, wo sich der Mensch inkarniert, während sich links die Milz als «der Friedhof des Blutes» befindet, wo Irdisches aufgelöst wird und der Mensch sich exkarniert. Wärmebedürftige venus- und merkurabhängige Organe wie Nieren und Mandeln sind speziell der Therapie mit Apis zugänglich. In der Wirksamkeit auf die Eierstöcke spiegelt sich die Fruchtbarkeit der Bienenkönigin wider.

Apis mellifica D6

Bei Insektenstichen, mit Schwellungen verbundenen Entzündungen und Allergien (Überempfindlichkeiten), bei Drüsenschwellungen, Schleimhautschwellungen im Hals-, Nasen-, Ohren-, Augen-, Nieren-, Blasen- und Eierstockbereich (Urogenitalbereich). Bei Nesselfieber, Wundschwellungen, Hirnerschütterung mit Hirnschwellung (Hirnödem), bei Gelenkschwellungen und Verstauchungen, Rheuma, Erkältungen, Blasenentzündungen und anderem.

ARNICA MONTANA
DAS BERGWOHLVERLEIH, DAS FALLKRAUT (LEICHT GIFTIG)
für das Herz und bei Verletzungen

Die Arnika verbindet Bergsonnenkräfte mit quarzdurchdrungenen (Substanz des Bergkristalls) Wurzelkräften. In ihr treffen stärkste Blütenblutkräfte direkt mit kristallklaren Wurzelformkräften zusammen, ohne viel Blattwerk dazwischen. Der Stengel trägt aufrecht ichhaft die aromatisch duftende Blüte gegen die Sonne.

Arn

Sie vereinigt in ausgewogener Weise die Blutkräfte mit denen des Nervensystems. Im Blut (Blüte) ist Bewegung, im Nervensystem (Wurzel) herrscht Ruhe, dazwischen liegt das Herz, das in seinem rhythmischen Schlag Bewegung und Ruhe zum Ausgleich bringt. Ist diese Harmonie durch Krankheit oder Unfall gestört, so heilt die durch rhythmische Prozesse verarbeitete Arnika den aus der Ganzheit gefallenen Menschen. Die Arnika verteilt ihre Kräfte gleichmäßig auf Wurzel und Blüte und harmonisiert daher das Herz von beiden Seiten her zur Mitte. Sie schirmt es von zu starken Einflüssen des Nervensinnen- oder des Blutstoffwechselsystems ab und wird so zum Herzheilmittel.

Dank ihrer Lage in den «sternennahen» Bergen und ihrem Quarzgehalt vermag die Arnika in starkem Maße Sternenharmonie auf die Erde zu tragen, die in sich derart ausgewogen ist, daß sich ein vermittelnder Stengel-Blatt-Bereich nur auf das Nötigste zu beschränken braucht.

Nehme ich das homöopathische Mittel Arnika D6 zu mir, so nehme ich Harmonie in mir auf, die das Herz entlastet. Die Heilkräfte werden von den äußeren Planetensphären über das quarzhaltige Urgestein durch die Arnikawurzel bis in die gelbe Blüte getragen, wo sich die harmonisierenden Jupiterkräfte im Gelb der Blüte zu erkennen geben.

Arnica montana D6

Bei Quetschungen, Wunden, Blutergüssen, Verstauchungen; bei Nerven-, Kopf- und Rückenverletzungen, Herzschwäche, Durchblutungsstörungen des Herzens (Infarkt) und des Hirns (Schlag), bei Erfrierungen, Muskelkater, Verbrennungen und anderem.

Belladonna
Die Tollkirsche
(giftig)
für die Augen und bei Entzündungen

Die Tollkirsche stellt den Versuch einer Pflanze dar, ein Auge zu bilden. Sie ist ein Nachtschattengewächs, das - bildhaft gesehen - mit seinen großen augenähnlichen Beeren gegen das Licht aufwacht. Es ist ein Aufwachen vom rein vegetativ Pflanzlichen ins sinnlich Empfindende des Tier- und Menschenreichs. Belladonna beherrscht die Zustände des halbwachen Menschen, zum Beispiel bei hohem Fieber, bei Sonnenstich und bei Epilepsie. Das aufkommende Bewußtsein kündigt sich wie nach einer Narkose mit Krämpfen, Koliken und Zuckungen am ganzen Leib an. Im homöopathischen Medikament als lebendige Strahlung aufgenommen, bringt Belladonna diesen Aufwachprozeß richtig in den Menschen hinein und wirkt

Bell

so krampflindernd. Sie leitet den Aufwachprozeß in Richtung Augen und Sinnesorgane und klärt sie. Diese Dynamik kommt in ihrer Heilkraft zum Ausdruck, in der sich Venuskupferwirkungen verbergen.

Bei Entzündungen, wo Wärme, Licht (Rötung) und Stoffwechselvorgänge zu eigenmächtig werden, ruft die Tollkirsche, als homöopathisches Medikament eingenommen, den Organismus auf, diesen überschießenden Prozessen wach und frühzeitig zu begegnen. Der Organismus kann dies «erkennen» und darauf reagieren.

Belladonna D6

Belladonna ist das Fiebermittel nach Aconitum, wenn die Schüttelfröste durch Schweißausbrüche abgelöst werden. Bei Fieberwahn, Epilepsien (Fallsucht), Wutausbrüchen. Bei hochroten Entzündungen mit Pulsieren im Kopf, im Hals-, Nasen-, Ohren-, Mund-, Zahn-, Augen-, Lungen-, Magen-, Darm-, Nieren-, Blasen- und Genitalbereich. Bei heißem Kopf, kalten Händen, Sonnenstich, Haut- und Wundentzündungen. Bei Hustenkrämpfen, Magen-, Darm-, Galle-, Nieren-, Blasen- und Gefäßkrämpfen. Bei Koliken (krampfartigen Schmerzen), Muskelverspannungen, Augenleiden und gestörtem Aufwachprozeß bei Ohnmachten und Dämmerzuständen.

Berberis vulgaris
Die Berberitze, der Sauerdorn
(Wurzel giftig;
Beeren, wenn reif, geniessbar)
für Galle, Gebärmutter, Blase, Nieren, bei Gicht und Schnupfen

Die Berberitze ist eine Pflanze, die Säure- und Alkaloidbildung streng auseinanderzuhalten vermag. Sie bildet in ihren Früchten Säure, in ihren Wurzeln basische Alkaloide. Auch im Menschen müssen Säure- und Basenprozesse streng auseinandergehalten werden, denn Auf- und Abbau von Körpersubstanz gehen mit ihnen einher. So baut die

Berb

Leber auf, während die Galle abbauend in den Stoffwechsel eingreift. Die Berberitze kann als Heilmittel diese beiden Vorgänge sondern und ist dadurch in der Lage, die Leber, beispielsweise bei Gelbsucht, vor der sie sonst zerstörenden Galle zu schützen.

Diese Fähigkeit erlaubt der Berberitze, im ganzen Körper falsch geleitete Abbau- und Konzentrationsvorgänge zu heilen - bis hin zu Stein-, Knoten- und Polypenbildungen im Nieren-, Blasen- und Gebärmutterbereich, in Nase und Nebenhöhlen - sowie gichtisch-rheumatische Ablagerungen zu verhindern.

Der zusammenziehende und damit abgrenzende Säureprozeß bringt auch viele katarrhalische Störungen wie Schnupfen, Ausfluß und Blasenkatarrhe wieder ins Gleichgewicht. Säure wirkt ganz allgemein auspressend und reinigend auf die Drüsen. Die Berberitze wirkt deshalb auch infektiösen und allergischen Geschehen entgegen. Als Zwischenwirt des Mutterkornpilzes versteht sie zudem mit Flechten und Pilzen umzugehen. Sie kann uns diese Fähigkeiten vermitteln.

Die stachelige Berberitze verwandelt Mars- und Sonnenkräfte in Säure und Vitamin C und ins Gelb des bitteren Berberitzensaftes, der eine tiefe Verwandtschaft zur bitteren Galle und zum gelben Urin aufweist. In diese Bereiche des Stoffwechsels trägt die reichlich fruchtende Berberitze auch ihre Heilkräfte.

Berberis vulgaris D6

Bei katarrhalischen Entzündungen von Leber, Galle, Nieren, Blase, Gebärmutter, Scheide, Nase und Nebenhöhlen. Bei Gelbsucht, Schnupfen, Heuschnupfen, Sinusitis (Entzündung der Nasennebenhöhle), Polypen (Auswüchsen in der Nase), Koliken (krampfartige Schmerzen) und Steinbildungen in Leber, Galle, Nieren und Blase. Bei Menstruationskrämpfen mit Rückenverspannungen, Polypen im Nasen- und Nebenhöhlen-, Nieren-, Blasen- und Gebärmutterbereich und bei Myomen (gutartigen Geschwülsten). Bei Schwangerschaftsbeschwerden, Gicht und rheumatischen Leiden. Bei Haut- und Schleimhautpilzen, Soor (Pilzbelag auf den Schleimhäuten), Ekzemen (Entzündungen), Milchschorf, Psoriasis (Schuppenflechte). Bei Ausfluß, Nieren- und Blasenentzündung (Zystitis).

Carbo vegetabilis
Die Birken- und Buchenkohle
für die Nieren und bei Blähungen

Auch in der Kohle ist das Licht als Glut enthalten. Im Stoff der Kohle ist es am tiefsten in die Lebensstrukturen eingedrungen und kommt überall, wo Organisches ist, vor. (Die organische Chemie ist die Chemie des Kohlenstoffs, die Chemie des Lichts, das darin bis in alle Strukturen und Verbindungen festgehalten ist.) Das Leben braucht Licht, daher die tiefliegenden Heilmöglichkeiten der Kohle.

Die Birke ist ein von Licht und Luft umfluteter Baum, dessen Rinde, wenn aufgeborsten, schwarz wie Kohle ist und in ihrer äußersten Haut fast zu weißer Asche wird. Die Buche hat in der Rinde die roten Kräfte des Eisens und wirkt daher speziell mit den Blutkräften im Menschen zusammen.

Carb

Bei der Herstellung von Holzkohle erhitzt man das Holz, um Flüssigkeit und Gase auszutreiben. Die Kohle ist dann in der Lage, wieder Gase aufzunehmen. Diese Qualitäten kommen in den entgifteten und blähungswidrigen Kohletabletten zur Geltung. In geistiger Form, als Homöopathikum, eingenommen, wirkt Carbo sogar noch tiefer in die Gewebeatmung und in den Luftorganismus hinein, durchlichtet und regeneriert den ganzen Körper (Rekonvaleszenz, Genesungsphase).

Carbo vegetabilis D12

Verbessert die Gewebeatmung. Bei Atemnot und Lufthunger durch Lungen-, Herz- und Nierenleiden, bei Verletzten und Sterbenden. Bei Blutzirkulationsstörungen, Venenentzündungen, schlecht heilenden Wunden, blauen Gliedern und Lippen. Bei Blähungen, Blutungen, Schwangerschaftserbrechen, Übelkeit, Ekelgefühl und ganz allgemein zur Genesung.

MATRICARIA CHAMOMILLA
DIE KAMILLE
für den Darm, bei Schmerzen und Schlafstörungen

Matricaria chamomilla weist in ihrem Namen auf ihr wahres Wesen, die Mutterliebe, hin (lateinisch *mater,* deutsch Mutter; lateinisch *carus,* deutsch lieb). Was hilft besser bei Erregung, Krämpfen und Bauchschmerzen, bedingt durch seelische Erlebnisse, als menschliche Wärme

Cham

und Liebe? Dies wird uns durch die Kamille zuteil. Die Kamille, ursprünglich am Meer zu Hause, hat diese Umgebung in sich aufgenommen, was bewirkt, daß sie so zart in einem leicht bläulich gedämpften Gelb erblüht. Das beruhigende Meeresblau des ätherischen Kamillenöls vermag nicht nur physische Entzündungen zu lindern, sondern auch im psychischen Bereich starke Erregungen zu dämpfen. In der Wurzel der Kamille findet sich Zucker, der besonders auf das Nervensystem entspannend und beruhigend einwirkt. Der Wurzelzucker, in geistiger Strahlungsform aufgenommen, bringt die selbständig gewordenen Nerven wieder unter die Kontrolle des Ichs.

Die Kamille, die in ihrem Stoffwechselteil (der Blüte) aufgebläht ist, vermag in unserem Stoffwechsel, vor allem im Dünndarmbereich, Blähungen zu begegnen. Die Kamille trägt Ansätze zur Hohlorganbildung in sich (Lufteinschluß im Blütenboden) und entfaltet daher ihre Heilkräfte auch in Magen und Darm. Sie ist das geeignete Mittel beim Zahnen der Kinder und bei dadurch bedingter Schlaflosigkeit. Sie dämpft die mit dem Mineralisierungsprozeß einhergehende Entzündung. Sie gibt den Kindern das Gefühl, in der Nähe der Mutter zu sein, das Gefühl, auf ihren Armen getragen zu werden, wo sich ruhig einschlafen läßt.

Matricaria chamomilla D12

Bei nervösen Erregungen, Schlaflosigkeit, Reizbarkeit, Ärger, Erbrechen. Bei Blähungskoliken und beim Zahnen der Kinder. Bei nervösen Magen-, Darm- und Menstruationsbeschwerden sowie Erregung nach übermäßigem Kaffeegenuß.

Lachesis mutus Das Schlangengift des Buschmeisters *für Wirbelsäule und Hormondrüsen, bei Lähmungen und Blutvergiftungen*

Die Schlange ist das vom Kosmos am tiefsten auf den Boden hinunter gebannte Tier und so der Erde am nächsten. Analog dazu ist der Mensch in seinem Urogenitalsystem (Niere, Genitalorgane) am irdischsten (Pubertät bedeutet Erdenreife). Als Homöopathikum eingenommen, wirkt das Schlangengift daher bis in die Geschlechtsorgane und macht den Menschen auf diesen Bildungsprozeß aufmerksam.

Damit die Schlange diese Verbannung auf die Erde ertragen kann, muß sie zum Ausgleich Gift ausscheiden. Das Gift kann das Irdische zerstören und so den Geist von

Lach

der Leiblichkeit wieder zurück in den Kosmos führen. Dieser Auflösungsprozeß wird dem Menschen mit dem Medikament Lachesis bei entsprechenden Krankheiten wie Blutzerfall oder Gewebszerstörungen bei Geschwüren, Entzündungen von Mandeln, Nieren und Eierstöcken ins Unterbewußtsein geleitet, wo es das Ich des Menschen, das nicht Schlange werden will, zur Menschwerdung anregt.

Die Schlange hat nur einen Lungenflügel ausgebildet und besitzt weder Arme noch Beine. Sie ist nur Wirbelsäule. Wären wir in einer solchen Lage, würden wir seelisch zugrunde gehen. Die Schlange ist dieser Situation durch die Möglichkeit der Giftabsonderung (seelisches Ventil) jedoch gewachsen. Ihre Fähigkeit findet sich auch in Lachesis wieder; sie macht es zu einem Heilmittel, das durch Streß mitbedingte Leiden wie Ekzem (Häutung), Asthma, Kopfschmerz usw. erfolgreich lindern kann. Besonders angezeigt ist Lachesis, wenn Störungen in der linken Körperhälfte auftreten. Diese Zusammenhänge sind in Schlangenträumen direkt nacherlebbar.

Lachesis mutus D12

Bei Entzündungen und Infektionskrankheiten mit Gefahr einer Blutvergiftung. Bei Schlangenbissen, Insektenstichen, Entzündungen im Hals-, Nasen-, Ohren-, Rachen-, Stirnhöhlen-, Nieren- und Eierstockbereich, vor allem wenn linksseitig auftretend. Bei Gewebszerstörungen (Nekrosen), linksseitigen Kopfschmerzen, die morgens schlimmer sind; bei Erstickungsgefühl, Asthma, Halsenge, Venen- und Gefäßentzündungen; Streß; bei Wirbelsäulenverspannungen, die auf die Augen schlagen; bei Lähmungen.

Magnesium phosphoricum
Die phosphorsaure Magnesia
für die Leber, bei Depression und Schmerzen

Ist Sulfur der Wärmeträger (siehe Sulfur), so ist Phosphor der Lichtträger. (In den Phosphorfarben ist das Licht oberflächlich inkarniert.) Der Phosphor bringt das Licht überall in den Körper hinein, über den Stoffwechsel ins Nervensinnengebiet bis in die Knochen. So dirigiert er durch sein dem Leben entstammendes Licht den gesamten menschlichen Auf- und Abbau. Als Homöopathikum eingenommen bewirkt er, daß die Heilung unter kosmischen Licht- und Lebensgesetzen und nicht unter irdischen Zufallsgesetzen verläuft.

Magn phos

Im Magnesium ist das Licht tiefer im Stoff verinnerlicht. Es leuchtet, wenn man es anzündet, wie die Sonne, und es ist - als Metall des Blattgrüns - den Lebensprozessen zugewandt. Wie aber das Magnesium der Pflanze im Chlorophyll Leben gibt, so belebt es in gleicher Weise unsere Leber. Die Leber speichert jede Nacht neu Glykogen, einen der Zellulose verwandten Stoff. Bildlich gesprochen wächst also jede Nacht in unserer Leber eine Pflanze. Die Pflanze in uns ist die Leber und ihr Licht das Magnesium. In der sogenannten Magnesiumnarkose, wenn Magnesium intravenös verabreicht wird, fällt der Mensch in einen vegetativen, pflanzenähnlichen Zustand, in dem er Schmerzen und Krämpfe nicht mehr empfindet, so wie auch die Pflanzen schmerzunempfindlich sind.

Aus diesen Zusammenhängen heraus ergeben sich die Heilmöglichkeiten des Magnesium phosphoricum bis hin zur antidepressiven Lichtwirkung.

Magnesium phosphoricum D12

Bei Magen-, Darm-, Blasen-, Gebärmutter-, Muskel- und Wadenschmerzen und -krämpfen, bei Gallen- und Nierenkoliken, Bronchial-(Brust-)Krämpfen, Husten- und Gefäßkrämpfen, Leberbeschwerden, Nervenschmerzen, Hals-, Rücken- und Muskelverspannungen, Depressionen (Niedergeschlagenheit) und anderem.

Mercurius
Das Quecksilber
(giftig)
für die Lymphorgane bei wäßrigen Staus

Quecksilber ist flüssig und nimmt in dieser Qualität bei den Metallen eine Sonderstellung ein. Da es verdunsten und kondensieren kann, vermittelt es - wie der Götterbote Merkur zwischen Unterwelt und Götterwelt - zwischen Erde und Himmel. Es verdunstet und fließt zusammen im rhythmischen Wechsel, es atmet, wie die Lungen atmen. Im homöopathischen Medikament kommen diese Eigenschaften noch deutlicher zum Vorschein. Mercurius vermittelt, vor allem im rhythmisch atmenden Brustbereich und in den Organen der Überleitung, wie Ohrtuben, Nebenhöhlengängen, Tränenkanal, Bronchien, Brustdrüsen, Drüsengängen allgemein, Darmkanal, Gallengängen, Nierentubuli, Eileiter, Samenleiter und Lymphorganen. Es vermag aber, noch tiefer wirkend, die verschiedenen Teile des leiblichen, des seelischen und des geistigen Bereichs im Menschen zu verbinden und auf diese Weise viele Leiden

Merc

der Heilung zuzuführen. Es fügt abgekapselte Krankheiten und Prozesse wieder in die Ganzheit ein. Es gleicht Stauungen aus, speziell im wäßrigen Lymphgebiet.

Das Quecksilber nimmt auf der Erde die kosmisch runde Tropfenform ein und verhärtet nicht wie die anderen Metalle. Es trägt sichtbar noch viel kosmisches Leben in sich, was in der Bezeichnung Mercurius vivus zum Ausdruck kommt. Dieses noch kosmische Leben in einem Metall macht es für irdische Organismen und Krankheitserreger giftig, weshalb es in Desinfektionsmitteln Verwendung findet.

Mercurius solubilis D12

Bei Eiterherden und Stauungen im Ohren-, Nasen-, Nebenhöhlen-, Tränenkanal-, Lymphdrüsen-, Brustdrüsen-, Mandel-, Lungen-, Magen- und Darmbereich. Bei Galle-, Leber-, Bauchspeichel-, Brust-, Schweiß- und Talgdrüsenstauungen. Bei Gelbsucht, wäßrigen Gewebsstauungen, Nieren-, Eileiter-, Gebärmutter-, Samenleiter-, Prostata- (Vorsteherdrüsen-) und allgemeinen Drüsenstauungen; bei Sehnenscheidenentzündungen, chronischen Eiterungen, Abszessen (Eiterherd); bei Stauungen der serösen Häute; bei Brustfell-, Bauchfell-, Gelenkschleimhautentzündungen und anderem.

Sulfur
Der Schwefel (Schwefelblüte)
(GIFTIG)
bei Verdauungsstörungen
zur Entgiftung

Schwefel ist verinnerlichtes Feuer, ein Element, das brennen kann. Beim Verbrennen spendet es viel Wärme, jedoch wenig Licht, ganz im Gegensatz zum Phosphor. Sulfur trägt in sich die Wärmequalitäten der Erde, der Unterwelt. Der Schwefel schwelt, durchkocht und aktiviert den Stoffwechsel. Er löst Schleime bei verhocktem Husten, aktiviert die Verdauung, reguliert die Bakterienflora und entgiftet. Beachtet man, was bei Aconitum über Gifte geschrieben steht, so wird verständlich, daß Entgiftung auch eine Lösung von unbewältigtem Seelischem bedeutet. Daher kann Sulfur auch bei Schlafstörungen befreiend wirken.

Der Schwefel ist selbst innerlich gestaute vulkanische Hitze, die verhockte Prozesse zum Ausbruch, zur Eruption bringt. Sein Element ist die Wärme, woraus die

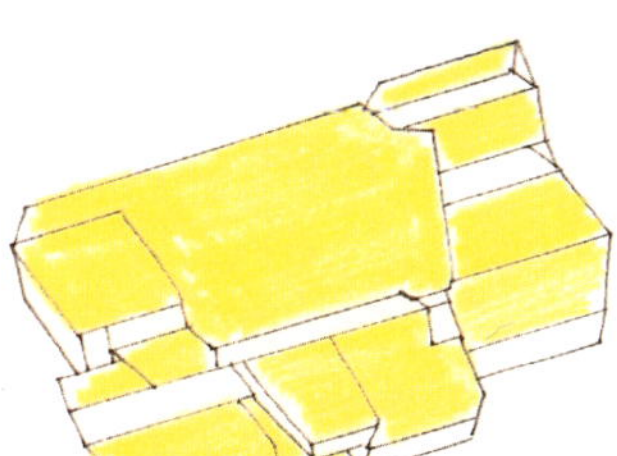

Sulf

homöopathische Verwendung bei Hitzestauungen und Brennschmerzen erkennbar wird. Er führt chronische Krankheiten in die akute Form über, die durch diese Aktivierung zur Abheilung kommen. Er mobilisiert alte Ablagerungen des Stoffwechsels (zum Beispiel Rheuma) im Körper und läßt sie zur Ausscheidung bringen.

Sulfur D6

Bei Verstopfung, Durchfall, Vergiftungen, Magenbrennen. Bei verhockten Prozessen im Ohren-, Nasen-, Rachen- und Nebenhöhlenbereich; bei Bronchitis, Hämorrhoiden, Rheuma, Gicht, Schlaflosigkeit und anderem. Reaktionsmittel bei chronischen Krankheiten. Nach Antibiotika und Impfungen. Erstverschlimmerung möglich. Schleimlösend bei Husten; bei gestörter Schleimhaut- und Hautflora, Akne (Hautausschlag), Ekzem (Hautentzündungen), Brennschmerzen im und am ganzen Körper; bei Stoffwechselstörungen ganz allgemein. Zeigen gutgewählte Homöopathika keine Wirkung mehr, sollen drei bis sechs Gaben Sulfur als Zwischenmittel eingenommen werden.

VERATRUM ALBUM
DER WEISSE GERMER
(ÄUSSERST GIFTIG)
für den Kreislauf zur Energetisierung

Der Germer entzieht den vom schmelzenden Schneewasser durchtränkten Alpweiden durch sein schnelles, krautiges Wachstum die Flüssigkeit und trocknet den Boden. Er kräftigt die vom Winter schlaffen Bergwiesen, durchbricht mit seinen saftigen Sprossen die Schneedecken und wächst

Verat

selbst in Schmelzwasserläufen. Er nimmt das brachliegende Wasser in sich auf und wird so zum strotzend krautigen Gewächs. Diese aufsaugende, austrocknende Eigenschaft des Weißen Germers kommt, als Homöopathikum eingenommen, auch im Menschen zur Wirkung.

Veratrum album füllt den Kreislauf auf, heilt Durchfall und verhindert Wasserverlust und Schock. Als stark mit dem Wasser verbundenes Liliengewächs greift er astralisierend, austrocknend in den vom Mond belebten Wasserorganismus der Erde ein. Die Pflanze ist fast nur Kraut. Die Blätter vermitteln zwischen Wurzeln und Blüten und stehen dadurch in Beziehung zum vermittelnden Herz-Kreislauf-System des Menschen. Die starke Astralisierung dieser Bergpflanze zeigt sich in ihrer äußersten Giftigkeit. Sie ist pflanzliches Arsen. Würden wir sie essen, so müßten wir mit Schock, Übelkeit, Totenblässe, Kreislaufkollaps durch Wasserverlust, Brechdurchfall und Austrocknung des Körpers rechnen. Als Medikament eingenommen, kann der Weiße Germer jedoch diese Krankheitszustände nach dem erweiterten Simile-Prinzip (die Pflanze tut im Menschen, was sie in der Natur tut) heilen.

Veratrum album D12

Bei schwachem Puls, Blässe mit Sterbensübelkeit, Kreislaufkollaps (Zusammenbruch), kaltem Schweiß, Durchfall, Erbrechen, Reisekrankheit, akuten Magen- und Darminfektionen sowie bei Lebensmittelvergiftungen. Bei Erschöpfungszuständen durch Menstruationsbeschwerden, bei Asthma und schwerem Husten mit Kollapsgefahr, bei psychotischen Unruhezuständen, Schwindel und Gefäßkrämpfen.

Praktische Heiltips und Tricks

Allgemeines zum Heilsystem

Beachten Sie, daß einzelne Kräuter in unserem viersäuligen Heilsystem für die Hand- und Fußbäder (zum Beispiel Schafgarbe) oder als Homöopathikum (beispielsweise Kamille) aufgeführt sind, weil sie sich für diese Anwendungsart besonders eignen und so ein breiteres Heilspektrum abdecken. Verwenden Sie für die äußeren Anwendungen andere Heilkräuter als innerlich.

Viele von Ihnen haben vielleicht auch davon gehört, daß sich die Minze nicht als Tee eignen soll, wenn parallel dazu Homöopathika eingenommen werden. Die Erfahrung zeigt aber, daß - wenn beide nicht gerade gleichzeitig in den Mund genommen werden - die Homöopathika in den beschriebenen sogenannt tieferen Potenzen durchaus zur Wirkung gelangen. Allgemein ist es aber vernünftig, Homöopathika nicht mit starken ätherischen Ölen in Kontakt zu bringen.

Nun verfügen Sie über ein **H**eilsystem von zwölf **H**ausmitteln aus der Küche, zwölf **H**and- und Fußbädern, zwölf **H**eiltees und zwölf **H**omöopathika, womit Sie für jede Krankheit ein Quartett legen können! Wäre es nicht eine gute Idee, mit Kindern ein solches Quartett mit viermal zwölf Karten zu zeichnen, zu basteln, zu kleben? Vergleichen Sie dazu das Therapieschema am Ende des Buchs.

Fasten

Immer wieder ist vom Fasten die Rede. Warum das? Warum ist Fasten zu Beginn fast jeder Krankheit oder auch zu deren Vorbeugung angezeigt? Wir haben eingesehen, daß Krankheit Renovieren bedeutet. Bei Renovationsarbeiten muß aber erst abgebaut, Überflüssiges und Störendes weggeräumt werden, bevor Neues errichtet wird. Dieser Vorgang ist auch im Verlauf jeder Wundheilung zu beobachten: Die Wunde muß zuerst gereinigt werden, verletzte Zellen und zerstörtes Gewebe müssen erst abgebaut werden, und erst dann kann das Gewebe wieder erneuert werden. Würde die Wunde zuwachsen, bevor sie gereinigt ist, so würden der Schmutz und die Fremdkörper ins Gewebe eingemauert, was früher oder später wieder zu Entzündungen führen würde. Ebenso bei Krankheit: In der ersten Krankheitsphase soll sich der Organismus mit sich selbst beschäftigen und nicht mit der von außen kommenden Nahrung. Wenn sich allmählich wieder das Hungergefühl einstellt, so warten wir ruhig noch einen Tag, damit wir dann zu gesundem Appetit gelangen. Also zuerst Abbau, dann erst Aufbau; zuerst Fasten, dann erst aufbauende Ernährung.

Um es gleich vorwegzunehmen: So leicht verhungert ein Mensch nicht und nimmt auch keinen Schaden, wenn das Folgende beachtet wird:

Sinnvoll ist es, im Vorfeld einer Fastenkur kein Fleisch mehr zu essen, damit im Darm keine Verwesungsgifte entstehen. Alsdann reduziere man die Nahrung auf Salat, der den Darm zur Selbstreinigung noch anregt. Darauf folgt ein Tag mit gekochten Apfelschnitzen mit viel Saft. Ein Einlauf kann die Darmentleerung zusätzlich bessern. Während der ganzen Fastenzeit soll genügend gutes Wasser getrunken werden. Dem Bedürfnis nach Salzigem, Bitterem, Saurem, Scharfem und Süßem wird mit kleinen Dosen eines entsprechenden Stoffs nachgekommen, um Schwächezustände zu vermeiden. Es ist vielfach nicht das Bedürfnis nach Nahrung, sondern das Bedürfnis nach einem dieser fünf Geschmäcker, das sich als Unwohlsein und Hunger meldet. Mit diesen fünf Geschmacksqualitäten - beispielsweise mit Salz, Zitrone, Zichorienwurzel, Pfefferschote und Honig - kann der Energiehaushalt über lange Zeit geregelt werden, auch bei äußerer Tätigkeit. Die Fastenkur kann sinnvoll homöopathisch mit folgenden Mitteln unterstützt werden.

Zwei Tage vor dem Fasten: Sulfur D6 zum Aufkochen und Entgiften, dreimal täglich.

Letzter Tag vor dem Fasten: Mercurius D6 zum Ausleiten; dreimal täglich.

Erster Fastentag: Berberis D6 zur Galle-, Leber- und Nierenreinigung; dreimal täglich.

Zweiter Fastentag: Arnika D6 zur Verbesserung der Durchblutung und der Herz-Kreislauf-Unterstützung; dreimal täglich.

Dritter Fastentag: Carbo vegetabilis D6 zur Unterstützung der Atmung allgemein, zur Besserung der Zellatmung und zur Regulierung allfälliger Blähungen; dreimal täglich.

Nun kann ohne jegliche Mittelchen weitergefastet werden. Sollten sich zu große Schwächezustände zeigen, kann bereits jetzt wieder aufgebaut werden.

Aufbau nach der Fastenkur: Mit Joghurt, dann Apfelschnitzen, schließlich Quark und eventuell rohem Trinkei usw.

wird die Landung ins Irdische vorbereitet. Die Reihenfolge ist die vom trinkenden Säugling zum essenden Kind. Als erstes wird Milch, dann werden Getreide und Früchte ertragen, dann Gemüse, Blattspeisen und schließlich Wurzelnahrung; erst gekocht, dann roh; erst Getreide aus dem Wäßrigen (Reis) und später hartes Roggenbrot; erst Vogel und Fisch (Ei und Weißfisch, zum Beispiel Flunderfilet), dann erst anderes Fleisch. Dies ist der Weg der Inkarnation vom Luftigen ins Wäßrige und ins Feste, von der Blüte über das Blatt zur Wurzel.

Neben der reinigenden Wirkung dient das Fasten dazu, die in den Eßgewohnheiten der Gier erlegene Seele zu zähmen, um sie als ein Wesensglied des Menschen zu entwickeln.

Während der vier Jahreszeiten empfehle ich:
im Winter eine Birkensaftkur;
im Frühjahr eine Löwenzahnkur (Salat, Stengel oder Saft);
im Sommer eine Molkentrinkkur (Molke ist Buttermilch ohne Eiweiß, ohne Fett, mit wertvollen organischen Säuren, die für Leber und Stoffwechsel Balsam sind);
im Herbst eine Apfelschnitzkur oder auch eine Traubenkur.

Das Fasten ist der Kunstgriff, ohne Krankheit gesund zu bleiben!

Infusionen von Licht und Liebe

Was Sie bei Krankheit und Not immer tun können, sich selbst oder auch anderen Leuten, die es benötigen, ist Licht und Liebe senden, sei dies mit zugesandten Gedanken oder direkt über die Hand. Um jeden lebendigen Organismus liegt ein Schimmer von Licht. Aus diesem Licht wird der Organismus ernährt. Kranke Menschen haben Löcher in diesem Lichtorganismus, und diese können Sie auffüllen, wenn Sie liebevoll das um Ihre Hand strömende Licht in die Aura des Kranken halten. Das Licht kann ohne direkte Berührung von Ihrer Aura in diejenige des anderen Menschen überfließen. Selbst spüren Sie das Fließen, das Strömen durch die Hand, wenn es ihnen auch wirklich gelingt, den andern Menschen lieb zu haben. Wie keine Pflanze gedeihen kann ohne Licht, wie ohne wärmende Sonne keine Regung erfolgt, so folgt jede Heilung aus dem weisheitsvoll webenden Lichtorganismus in der liebevoll strömenden Wärme. Ist die Aura aufgefüllt, so nimmt das Strömen ab, und Sie können die Hand wegnehmen. Alles, was im menschlichen Organismus geschieht, wird durch Wärme und Licht, durch Geist und Seele gelenkt. Solche Infusionen von Licht und Liebe können bei allen lokalisierten Leiden sofortige Linderung oder gar die Wende zur Genesung bringen. Dies gilt insbesondere auch bei Krebs, wo zu den Zellen Liebe, Licht und Wärme strömen muß, damit sie sich in normale Organzellen ausdifferenzieren können. Was würde aus einem Kind, wenn ihm nicht Licht und Liebe entgegengetragen würden?

Sanfte Organmassage mit der Hand

Nebst den naheliegenden Heilmitteln aus Küche und Haushalt, den Tees, dem Hand- oder Fußbad und den Homöopathika verordne ich eine ganz einfache, selbst auszuführende Massage, etwas, was in der chinesischen Medizin nicht wegzudenken ist, was überall durchgeführt werden kann und was sehr heilend ist. Oft werden vom Patienten die kranken Körperteile völlig im Stich gelassen; der Betroffene hat wirklich Angst, sie zu betasten, dabei schreien die ins Hintertreffen geratenen Organe geradezu danach, bemerkt, berührt und sanft massiert zu werden. Diese Beachtung können Sie Ihrem Körper, Ihren Organen, die Ihnen zur Obhut geschenkt wurden, zu denen Sie Sorge tragen sollen und für die Sie Liebe aufwenden sollten, weil Sie in ihnen wohnen und zu Gast sind, selbst schenken.

Es ist so einfach: Streichen Sie vierzigmal mit dem Eigengewicht Ihrer Hand kreisend über das Organ. Tun Sie dies möglichst nicht nur in jenen Situationen, wenn dieses aussteigt, so quasi als Schelte für das Nicht-mehr-Funktionieren, sondern wenn immer möglich täglich. Warum nicht im Bett, vor dem Aufstehen, Ihren bedürftigen Organen oder Körpergegenden dieses sanfte Aufwachen gönnen? Auf diese Weise werden Sie nämlich gar nicht erst krank. Krankheit trifft den Menschen ja bekanntlich an seinem blinden Flecken. Wenn Sie jedoch dem, was noch nicht notruft, Beachtung schenken, so ist das sinnvollste Vorbeugung.

Bei Brust- und Lungenbeschwerden: vierzigmal kreisende Brustmassage (oder auch, wenn Sie glauben, ihre Brust habe solche Zuwendung verdient).
Bei Bauchweh: vierzigmal über den Bauch streichen.
Bei Nierenkrankheit: die Nieren streichen.
Bei Augenproblemen: mit dem Finger sanft beide Wege um die Augen herumstreichen.
Bei Nasenproblemen: täglich vierzigmal über die Nase streichen.
Bei Ohrenproblemen: um das Ohr streichen, aber auch vierzigmal ganz sanft die ganze Ohrmuschel massieren.

Dasselbe gilt für die Gelenke, für Arme und Beine, für den Nacken, die Stirne, die Wangen, für den Rücken, das Kreuz, für Finger, Hände, Füße und Fußsohlen.

Wenn Sie es genau wissen wollen, so lesen Sie das Buch von Kuan Hin über chinesische Massage, ergänzt durch Akupressurtips, das ebenfalls im Hallwag Verlag erschienen ist. Aber es ist ganz einfach: vierzigmal sanfte kreisende Massage dort, wo es ansteht, dort, wo Bedürftigkeit ist. Wenn dies nicht reichen sollte, gibt es noch andere Methoden: zum Beispiel das Schröpfen, den Trick mit dem Staubsauger (nächste Seite).

Einfache Maßnahmen mit einfachen Mitteln

Schröpfen mit dem Staubsauger

Fast ein jeder hat zu Hause einen wunderbaren Schröpfapparat, den Staubsauger, der bei allerlei Leiden immer wieder zur Linderung beitragen kann: bei Husten, Bronchitis, Lungenentzündung und Asthma. Dabei wird mit der gereinigten Staubsaugerröhre der Rücken links und rechts der Wirbelsäule auf und ab geschröpft, bis das Gewebe rotviolett wird. Akuter Husten kann so gestoppt werden. Kinder lieben dieses Spiel, das bei Husten sofort Linderung bringt. Bei Migräne über den Nieren die Lendengegend schröpfen. Nicht geeignet ist diese Methode bei Kleinkindern.

Bei Krampfzuständen irgendwo am Körper, seien es Menskrämpfe, Gallenkoliken, Magenkrämpfe oder asthmatische Krämpfe: Lendengegend schröpfen. Alle Schmerzzustände können so beeinflußt werden!

Bei rheumatischen Beschwerden Gelenke schröpfen. Die Hautpartie wird dabei erst mit etwas Öl eingestrichen, um ein gutes Gleiten zu ermöglichen. Bei der Schröpfmassage wird im Unterschied zur Druckmassage das Blut nicht weggepreßt, sondern angesogen. So gelangen die Giftstoffe ins Untergewebe, wo beim Menschen das Lymph- und das Immunabwehrsystem liegen. Diese Maßnahme kommt einer Impfung mit Krankheitsstoffen gleich, ist aber viel spezifischer; vor allem wird dadurch keine neue Krankheit eingeimpft, sondern das Immunsystem wird im Hinblick auf eine bereits bestehende Krankheit aktiviert. Da im Blut das Ich wohnt, wird durch die erreichte Blutfülle das Ich herangezogen, welches jetzt wieder ordnend eingreifen kann. Die Schmerzen beim Schröpfen sind Ausdruck davon, daß durch das Zerren am Bindegewebe der Astralleib herangezogen wird, was gleichzeitig bewirkt, daß er am anderen Ort weggezogen wird. So lösen sich schmerzliche Verkrallungen des Seelenleibes.

Als Vorstellungshilfe sei auch bemerkt, daß durch äußeres Schröpfen auch die darunterliegenden Organe besser durchblutet werden. Schröpfe ich im Lungenbereich, so werden auch die Schleimhäute der Lungen besser durchblutet; sie erwärmen sich demzufolge, Erkältung kann überwunden werden, und die «Renovationsarbeiten» an den Lungen laufen schneller ab. Ist das lokale Schröpfen zu heikel, so kann das Schröpfen der Meridiane auch sehr wirksam sein. Im Handel sind auch verschieden große Schröpfköpfe mit Gummiball erhältlich, die auch einfach im Notfallset mitgeführt werden können.

ERWÄRMUNGSMETHODEN

Mit der Glut eines Kohlestabes, einer Zigarre oder des Maxakrautes (getrockneter Beifuß) werden die Akupunkte erwärmt: sehr geeignet zur Behandlung von Schnupfen. Dabei wird die Nasenspitze erwärmt, indem die Glut bis zum Brennschmerz davor gehalten und dann sofort weggezogen wird. Etwa zwölf solche Hitzestiche werden verabreicht. Die Haut darf sich dabei etwas röten. Bei Zigaretten ist es manchmal gut, drei Stück mit Klebestreifen zusammenzubinden, um eine gute Glut, die durch Blasen angefacht wird, zu erhalten. Stirn- und Nebenhöhlen können so erwärmt werden. Reflektorisch zur äußeren Haut werden dabei auch die inneren Schleimhäute belebt. Geeignet ist diese Methode der Wärmeakupunktur auch bei

allen Gelenkserkrankungen, bei Polyarthritis und bei allen rheumatischen Erkältungen.
Bei Blasenentzündung Wärmeakupunktur über der Blase, bei Gebärmutterkrämpfen über der Gebärmutter. Man behandle dabei die Punkte, die im Buch über Akupressur von Kuan Hin angegeben sind. Wärmung der Punkte wirkt oft noch tiefer als bloße Massage.
Ein Novum ist der Taschenofen, mit dem Körperpartien Tag und Nacht dauernd warmgehalten werden können. Er eignet sich bei Blasenentzündungen, Erkältungen, Menstruationskrämpfen, Verspannungen, Koliken, (krebsigen) Geschwüren, zur Förderung der Wundheilung, bei Rheuma und Schmerzen aller Art. Der Ofen kann mit Pflaster oder Binden lokal fixiert oder auch einfach in die Kleider gesteckt werden.

Behandlung der Nieren mit einem Kupferlappen aus dem Haushalt

Die billigen Kupferlappen, wie sie im Haushalt benutzt werden, sind eines der besten Heilmittel bei allen Krankheiten, die die Nieren betreffen. Dabei wird der Kupferlappen in ein Wolltuch eingewickelt und als Nierenwärmer am Körper getragen.
Die Niere ist ein Venusorgan, und Kupfer ist ihr Heilmetall. Es genügt schon, das Kupfer in der Aura des Menschen über der Lendengegend zu tragen. Auch die Wolle stammt vom Venustier, dem Lamm. Kupfer und Wärme heilen alle Krämpfe im ganzen Menschen, denn eine gesunde Niere kann alle Verkrampfungen auffangen. Im Falle von Migräne, Asthma, Darm-, Gallen-, Nieren-, Gebärmutter-, Waden- und Muskelkrämpfen ist diese Behandlungsform besonders angezeigt.

Schutz vor Erdstrahlen und Umwelteinflüssen

Man bereite sich eine Liegematte aus Torfmull, durchsetzt mit getrockneten Brennesseln. Kleider und Decken aus diesem Material helfen gegen schädigende Umwelteinstrahlungen inklusive radioaktive Störungen. Die konservierenden Eigenschaften des jahrtausendealten Torfs haben in den Sümpfen alle Umwelteinwirkungen abgehalten und tun dies auch beim Menschen.
Die Brennessel verstärkt durch ihre lebendige Eisendynamik, durch ihre dem Mars verbundene Heilwirkung im Ätherischen diesen Schutz. Sie bewirkt im Menschen dasselbe wie in der Natur!

Bei Durchfall

Machen Sie ein Feuer und kauen Sie dann ein Stück Holzkohle. Oder verkohlen Sie Kaffeesatz und schlucken Sie etwas von der Kohle. Kohle absorbiert die Gase, die Gifte und reguliert so die Darmstörungen. Ein zusätzlicher Tip bei Durchfall: Mit ganz wenig geraffelter Muskatnuß gelingt es oft, Durchfälle zu stoppen, nicht nur bei Menschen, auch bei Tieren! Zuviel könnte jedoch giftig sein.

Der Einlauf, die Infusion des Nichtarztes

Wo auch immer sie sich befinden auf der Welt, ein Einlauf läßt sich überall mit einfachsten Mitteln machen und kann so Leben retten. Tausende von Kleinkindern hätten so fürs erste gerettet werden können. Man verwende dazu ein handelsübliches Klistier mit Gummiball.
Der Dickdarm ist das Organ zur Rückresorption von Flüssigkeiten aus dem Magen-Darm-Trakt und ist somit sehr geeignet, Flüssigkeit in den Kreislauf zurückzubringen. Bei allen Kreislaufstörungen und Durchfällen angezeigt, bevor

man irgendwelche gefährlichen Mittel verabreicht. Patienten, die bleich werden und kollabieren, wird durch Hochhalten der Beine und Arme in Sekundenschnelle geholfen, weil dadurch wieder das Blut zum Herzen zugeführt wird und dieses wieder kräftiger zu schlagen beginnt.

Der unblutige Aderlass des Nichtarztes: Entlastung des Kreislaufs durch warme Hand- und Fussbäder

Angezeigt bei Kreislaufüberfüllung, bei hohem Blutdruck, wenn sich der Patient nicht niederlegen kann, weil der Stau vor dem Herz sonst zu groß würde. Bei Lungenstau und bei asthmatischem Herz-Kreislauf-Stau kann ein Tiefhalten der Extremitäten und ein Aufrichten des Oberkörpers Entlastung des Herzens bringen. Damit das Blut eher in die Extremitäten abgeleitet wird, werden alle vier Glieder durch ein warmes Hand- und Fußbad gleichzeitig venös aufgefüllt. Dies bringt eine Entlastung des zentralen Kreislaufs. Die Bäder können ganz individuell durch Temperatur und Dauer dem Befinden des Patienten angepaßt werden.

Der Trick mit dem Niespulver

Das kräftige Schnupfen eines Niespulvers kann mancherlei quälende Gedanken verscheuchen, wieder Leben in die Schleimhäute des Kopfes bringen und Lymphstauungen im Vorderhirn und im Nasenbereich lösen. So eine kleine Kopferschütterung kann allenthalben den Kopf vom Weh befreien und böse Bazillen zum Tempel hinausjagen.

Was nehme ich mit ins Bett?

Kinder nehmen ein Stofftierchen mit ins Bett, und schon manches Kuscheltier hat dazu beigetragen, Sorgen und

Schmerzen zu vergessen. Der kranke Mensch ist auch von Sorgen und Schmerzen geplagt, die aber oft durch ein Heilkräuterkissen im Bett gelindert werden können. Hier einige Tips:
Ein Kissen mit Roßkastanien bei Krampfadern und rheumatischen Beschwerden. Es wird unter die Beine oder die schmerzenden Gelenke gelegt.
Ein Farnkissen bei rheumatischen Beschwerden und Krampfneigungen allgemein, bei Wadenkrämpfen bis hin zu epileptischen Anfällen, wo das Farnkissen unter den Kopf gelegt wird.
Ein Wurzelkissen zur Regenerierung des Nervensystems. Wurzeln aller Art werden in der Natur gesammelt, getrocknet, zerkleinert und in einem zugenähten Kissen unter den Kopf gelegt. Die Gesamtheit der Wurzeln in der Natur stellt die Gesamtheit der Stoffwechselprozesse im Nervensystem dar. Die Kopforgane können sich in der Nacht anlehnen an die Weisheit der Wurzelwelt. Manch eine Eingebung wird dadurch über Nacht möglich sein. Für weisheitsvollen und erholsamen Schlaf zu empfehlen.

Ein Blumenkissen zur Regeneration der Bauchorgane. Über das Jahr werden in einem Säcklein alle möglichen Blüten gesammelt. Diese stellen die Bauchstoffwechselvorgänge in der Natur dar. Ein Blütenkissen über dem Bauch hilft, die Probleme des Stoffwechsels und der Seele, die sich im Bauch verkrallen, zu lösen und führt ebenfalls zu gesundendem Schlaf.

Der Trick mit dem Wecker zur Gewohnheitsänderung

Versuchen Sie tagsüber mit Hilfe eines Weckers (oder einer Schaltuhr) jede volle Stunde innezuhalten und für kurze Zeit innere Ruhe anzustreben, Gewohnheiten liegenzulassen - dies während vierzig Tagen. Damit können Sie sich von chronischen Verspannungen, hohem Blutdruck, Abhängigkeiten und Süchten befreien. Zur ständigen Erinnerung und zum Wecken des Erneuerungswillens kann auch ein Pflaster um den Finger geklebt werden. Sobald man sich von solchen Gewohnheiten befreit hat, ist man gesund und kann das Pflaster entfernen.

Einige eher geistige Heiltips, die die Gesundheit erhalten helfen und schwerste Krankheiten heilen können

Gewohnheiten ändern und links schreiben

Bei allen chronischen Erkrankungen ist es wichtig, ins Leben anhaltende Veränderungen zu bringen, und zwar solche, die einen wieder ins Kindesalter zurückversetzen, wo man alles neu lernen muß - zum Beispiel das Schreiben und die Bewegungsabläufe des Alltags. Dadurch kann das Ich wieder den ganzen Körper ergreifen. Wann haben Sie zum letztenmal etwas Neues gelernt? Ein Musikinstrument, eine Sprache, ein Handwerk? Wann haben Sie sich in einer neuen Sportart betätigt, ein Lied vorgesungen, ein Gedicht geschrieben, mit Malfarben gemalt, balanciert, jongliert? Keiner ist zu klein, Künstler, Artist und Kind zu sein. Schreiben Sie auf, was Ihnen wichtig ist, und machen Sie das Gegenteil. Soviel Selbstironie sollte sich noch aufbringen lassen! Notieren Sie alle Gewohnheiten und ändern sie diese über die Dauer von vierzig Tagen! Trinken Sie Tee statt Kaffee (oder umgekehrt), befreien Sie sich von Regeln und eingefleischten Umgangsformen. Werden Sie sich der Süchte im Seelischen und Materiellen bewußt und überwinden Sie sie. Ein gelegentliches Lesefasten, Unterhaltungsfasten, Musikfasten, Hunger- und Durstfasten kann dabei nicht schaden.

Die Heilkraft des Fragestellens

Sich oder andern in ehrlicher Absicht Fragen stellen zu dürfen macht glücklich und frei. Interessieren Sie sich für die Welt, für das, was sichtbar ist, und für das, was unsichtbares Wesen hinter den Dingen ist. Ein jeder ahnt, daß vieles nur Vorstellung ist und daß Theorien oft bloß Meinungen und Nützlichkeitsvorstellungen sind, die oft mit der Wahrheit, den Tatsachen nicht übereinstimmen. Prüfen Sie Ihre Vorstellungen regelmäßig. Die Kraft, individuellen Fragen nachzugehen, ist die Kraft, die in uns durch den Christus gestärkt wurde. Wenn Sie in einer Religion eine Frage nicht stellen dürfen, so hat dies mit Christentum gar nichts zu tun, auch wenn es sich als solches ausgibt. Wer fragt, muß aber auch bereit sein, eine Antwort entgegenzunehmen, die das Leben ändern kann.

Die Begegnung

Wenn Sie mit einem Menschen sprechen, so sprechen Sie im Dreieck: An der einen Ecke ist der Mensch oder das Wesen, mit dem Sie zusammen sind, an der anderen Ecke befinden Sie sich selbst, und der dritte Punkt befindet sich über Ihnen in der geistigen Welt.

Wenn Sie zu zweit sind, befinden Sie sich nicht nur unter vier Augen!

In der Begegnung geschieht Heilung. In der Art der Begegnung liegt das Geheimnis von Krankheit und Gesundheit.

Grundsatz

Jeder Krankheit läßt sich im Prinzip in Sekundenschnelle begegnen, wenn es Ihnen gelingt, hinter der Wirkung (der sichtbaren Krankheit) die (unsichtbare) Ursache zu erkennen. Das gilt auch bei Unfall.

Das Heilmittel der täglichen Rückschau

Aus der Selbsterkenntnis erwächst die Tatkraft! Am Abend kann eine gedankliche Rückschau auf den Tageslauf von hinten nach vorn (und nicht, wie meist praktiziert, vom Morgen gegen den Abend) im äußeren Leben wie auch im Seelischen Aufschlüsse geben, die es erlauben, sich selbst zu erkennen. Diese Möglichkeit steht jedem von uns offen und führt zu Erkenntnis, bevor Krankheiten einen dazu zwingen.

Heilende Erlebnisse

Persönliche Erlebnisse erhalten erst dann einen Sinn, wenn man sie innerlich nachströmen läßt, sie vom Physischen ins Seelisch-Geistige hebt. Aus diesen Gefühlen bilden sich die Geistorgane - Organe, mit denen Geistiges wahrgenommen werden kann.

Verbundenheit

Es ist niemandem möglich, ganz glücklich zu sein, solange es Unglückliche gibt.

So einfach und so heilsam. Die Herstellung von sanften Medikamenten

Sanfte Heilpraxis

Kinder sind die besten Heilmittelhersteller, weil sie noch mit der Natur verbunden sind, weil sie nicht Skepsis und Kritik in sich tragen, weil sie noch unverdorben sind. Daher stellen Sie die nötigen Sachen bereit: Wachs, Fett und Öl, schicken Sie die Kinder in die Natur, etwas zu suchen, was dem Mami, dem Papi, dem kranken Geschwister oder der Großmutter gut tut, und lassen Sie eine Salbe über einem Kerzenfeuer kochen. Auch die von Kindern geschüttelten Homöopathika sind die besten. Warum sollen wir nicht alle zusammen Edelsteinwasser und Blütentropfen zubereiten oder gar unter den Sternen destillieren? Die bewährte, sanfte Heilpraxis beruht auf den vier naheliegendsten Maßnahmen, die einem Kranken dienen können: auf der Kombination von einem Hausmittel aus der Küche oder dem Haushalt mit einem Tee, einem dazu passenden Hand- oder Fußbad und einem Homöopathikum, das die Erkrankung möglichst breit trifft.

Reichen diese Maßnahmen nicht aus, so werfe man nicht gleich die Flinte ins Korn, sondern versuche noch folgende Heilmittel einzusetzen, die in der Natur einen Stoffwechselprozeß vollziehen, wie er in den entsprechenden Organen auch stattfindet und deshalb durch die Verabreichung der richtigen Mittel aktiviert werden kann.

Weitere Blasenheilpflanzen

Bärentraubenblätter (Arctostaphylos)
Glaskraut (Parietaria)
Kapuzinerkresse (Tropaeolum majus)
Kresse (Lepidium)
Silberdistel (Carlina acaulis)
Silbermantel (Alchemilla)
Sumpfwasserfeder (Hottonia palustris)
Wassernabel (Hydrocotyle)
Wegerich (Plantago)
und andere

Weitere Darmheilpflanzen

Apfelkernhäuser, Apfelbaum (Malus)
Baumnuß (Juglans regia)
Farn (Dryopteris filix-mas)
Feige (Ficus carica)
Kalmus (Acorus calamus)
Mäusedorn (Ruscus aculeatus)
Mohnkapsel (Papaver)
Nelkenwurz (Geum urbanum)
Weide (Salix)
Wermuth (Artemisia absinthium)
Zaunwinde (Calystegia sepium)
und andere

Weitere Gallenheilpflanzen

Ackergauchheil (Anagallis arvensis)
Benediktendistel (Cnicus benedictus)
(Bitter-)Klee (Menyanthes)
Erdrauch (Fumaria officinalis)
Odermennig (Agrimonia eupatoria)
Schöllkraut (Chelidonium majus)
Tausendgüldenkraut (Centaurium erythraea)
und andere

Weitere Gebärmutter- und Prostataheilpflanzen

Kuhschelle (Pulsatilla vulgaris)
Kürbis (Cucurbita pepo)
Labkraut (Galium verum)
Majoran (Origanum majoranum)
Mutterkraut (Chrysanthemum parthenium)
Osterluzei (Aristolochia clematitis)
Taubnessel (Lamium album)
und andere

Weitere Hautheilpflanzen

Bingelkraut (Mercurialis perennis)
Bittersüßer Nachtschatten (Solanum dulcamara)
Pfennigkraut (Lysimachia nummularia)
alle Rinden
Sanikel (Sanicula europaea)
und andere

Weitere Herzheilpflanzen

Adonisröschen (Adonis vernalis)
Eselsdistel (Onopordon)
Honigklee (Melilotus officinalis)
Lorbeerblatt (Laurus nobilis)
Maiglöckchen (Convallaria majalis)
Primel (Primula veris)
Schlüsselblümchen (Primula veris)
und andere

Weitere Heilplanzen für den Kopfbereich

Allgemein wirken die Wurzeln der erwähnten Heilpflanzen auf den Kopfbereich und auf das Nervensystem.

Für das Auge

Aschenkraut (Cineraria maritima)
Augentrost (Euphrasia officinalis)
Schneeglöckchen (Galanthus nivalis)

Für die Mandeln und Drüsen

Erzengelwurz (Angelica archangelica)
Labkraut (Galium verum)
Malven (Malva sylvestris)

Für die Nase

Meerrettich (Raphanus sativus)
Quitte (Cydonia oblonga)
Zaunrübe (Bryonia dioica)

Für das Ohr

Edelweiß (Gnaphalium leontopodioides)
Hauswurz (Sempervivum tectorum)
Liebstöckel (Levisticum officinale)

Weitere Leberheilpflanzen

Artischocke (Cynara scolymus)
Bärlapp (Lycopodium)
Erdbeerblätter (Fragaria vesca)
Leberblümchen (Hepatica nobilis)
Mariendistel (Silybum marianum)
Odermennig (Agrimonia eupatoria)
Ringelblume (Calendula officinalis)
Traubenblätter (Vitis vinifera)
und andere

Weitere Lungenheilpflanzen

Alant (Inula helenium)
Bibernelle (Pimpinella major)
Efeu (Hedera helix)
Eibisch (Althaea officinalis)
Gundermann (Glechoma hederacea)
Huflattich (Tussilago farfara)
Isländisch Moos (Cetraria islandica)
Königskerze (Verbascum thapsus)
Lungenkraut (Pulmonaria officinalis)
Malve (Malva sylvestris)
Mauerpfeffer (Sedum acre)
Pestwurz (Petasites hybridus)
Salbei (Salvia officinalis)
Stechpalme (Ilex aquifolium)
Tannenspitzen (Abies)
und andere

Weitere Milz- und Bauchspeicheldrüsenheilpflanzen

Betonie (Stachys officinalis)
Bohnenkraut (Satureja hortensis)
Gottesgnadenkraut (Gratiola hortensis)
Leinkraut (Linum usitatissimum)
Milzkraut (Chrysosplenium alternifolium)
Süßholz (Glycyrrhiza glabra)
Zimtrinde (Cinnamomum)

Weitere Nierenheilpflanzen

Birke (Betula)
Ginster (Genista)
Goldrute (Solidago vigaurea)
Hagebutte (Rosa canina)
Hauhechel (Ononis spinosa)
Hirtentäschel (Capsella)
Krapp (Rubia tinctorum)
Wacholder (Juniperus communis)
und andere

Schauen Sie sich im Garten, im Wald und in der Natur um, und Sie werden eine Reihe weiterer wertvollster Heilpflanzen entdecken, die, weil Sie Ihnen gerade begegnen, sich bemerkbar machen wollen. Verwenden Sie diese Heilpflanzen, wenn Sie sie nicht genau kennen, nicht unter einer D6, damit eine eventuelle Giftigkeit Ihnen nichts antun kann und damit der Heilprozeß nicht nur im physischen Bereich angesprochen wird. Ihre Kinder werden Ihnen beim Schütteln gerne helfen.

Im übrigen ist Homöopathie etwas dermaßen Einfaches, daß ein Einstieg sofort und für jedermann möglich ist, wie Sie gleich sehen werden.

Auf einer Schulreise der ersten Klasse wurde ein Kind von einer Biene gestochen. Das Kind reagierte allergisch auf Stiche. Die Lehrerin kam in Panik. Da kam ein anderes kleines Mädchen daher, das hatte die kleine hölzerne Taschenapotheke mit den Kügelchen von den Eltern in die Tasche gesteckt bekommen und gab als Erstkläßlerin dem Kind selbstverständlich Apis D6 – mit der Patientin ist gar nichts Gravierendes geschehen. So einfach und so heilsam sind Naturheilmittel!

Ein Homöopathikum reguliert im Menschen immer den gleichen Prozeß wie in der Natur. Sowohl im Menschen wie in der Natur bleibt das Regulierende unsichtbar. Das gilt auch für die Heilmittel.

Das Sammeln von Kräutern

Beim Sammeln von Teekräutern wie auch von Heilpflanzen sollten folgende Regeln berücksichtigt werden: Blätter zur frühen Morgenstunde sammeln; duftende und Nektar enthaltende Pflanzenteile dann sammeln, wenn die Bienen sie besuchen; Wurzeln im Spätherbst und während der Winterszeit stechen. Da viele Heilpflanzen eine Neigung zu bestimmten Gestirnen, zur Sonne, zum Mond und zu den einzelnen Planeten, zeigen, erreicht die Heilwirkung dann besonderes Ausmaß, wenn diese Gestirne voll zur Geltung kommen. Was die Tierkreisbilder und den Mondstand anbelangt, so ist es gut, Wurzeln bei Mondstand in einem Erdzeichen zu sammeln, Blätter bei Mondstand in einem Wasserzeichen, Blüten bei Mondstand in einem Licht- und Luftzeichen und die Früchte bei Mondstand in einem Feuerzeichen. Wer die Sternbilder kennt, kann sich so direkt am Himmel am Mondstand orientieren und braucht dazu nicht einmal einen Kalender.

Aber am wichtigsten ist und bleibt Ihre Liebe für die zu sammelnden Pflanzen, Ihr Zwiegespräch mit Ihnen und Ihr Wille, auch den Heilpflanzen zu dienen und sie nicht nur zu nutzen. Ich wünsche Ihnen viele schöne Stunden mit Blumen, Sträuchern, Wurzeln und Sternen.

Herstellung der Homöopathika

Von der Pflanze zur Tinktur

Auf Ihrer Heilpflanzenwanderung begegnen Sie einer Blume, von der Sie eine Tinktur herstellen möchten. Dazu brauchen Sie ein Fläschchen, etwa mit zehn Millilitern Alkohol (zum Beispiel Grappa oder hochprozentigen reinen Alkohol). Legen Sie das Fläschchen neben die Pflanze. Und jetzt beginnt der wichtigste, jedoch oft aus Unachtsamkeit weggelassene Teil einer jeglichen Heilmittelgewinnung aus der lebendigen Natur. Beginnen Sie das Blümlein von Herzen zu lieben (das heißt sich öffnen für dieses Wesen); streicheln Sie die Aura der Blume zärtlich, vorerst ohne die Blume zu berühren; richten Sie einige liebevolle Worte an die Heilpflanze, an das sie umhüllende Geistige. Fragen Sie die Pflanze und auch sich selbst, ob Sie eine Knospe oder Blüte oder ein Blatt von ihr ernten dürfen im Hinblick auf eine Heilabsicht aus Liebe. Wenn ja, dann nehmen Sie sich Zeit, freuen sich darüber, pflücken einen Teil von Hand und legen diesen ins Gefäß. Lassen Sie die in Alkohol eingelegte Pflanze von der Sonne liebkosen, solange Sie wollen: Stunden, Tage oder sogar Monate unter täglicher Bewegung von Hand.

Die Tinktur beginnt so zu reifen und verinnerlicht genau die Liebe und das Licht, die Sie an sie wenden und die ihr die Sonne schenkt. Das ist die ideale Voraussetzung, entweder um direkt mit dieser Tinktur durch innerliche Gaben (falls ungiftig) zu heilen oder um damit Homöopathika herzustellen.

Einen Tee lassen wir normalerweise zehn Minuten ziehen, eine frisch zubereitete Tinktur läßt sich auch bereits nach zehn Minuten Ziehen weiter zu einem Homöopathikum verarbeiten. Die einfachste, zugleich auch individuellste, künstlerischste und logischste Art, dies zu tun, soll jetzt beschrieben werden.

Von der Tinktur zum Homöopathikum, Herstellung von Individuell-Künstlerischen Potenzen

IK-Potenz heißt Individuelle Künstlerische Potenz, in Liebe und ohne Gedanken an Rationalisierung hergestellt. Die Kunst des Heilens nimmt bereits bei der Zubereitung der Heilmittel ihren Anfang. Ihre Wirkung wird durch die Pflanze gesteigert. Individuell ist sie, weil ein jeder Potenzierungsschritt variiert wird und weil keine genauen reproduzierbaren Maße eingehalten werden müssen. Statt die geläufige Bezeichnung D1, D2, D6 usw. spreche ich hier von einer IK1, IK2 oder einer IK12 usw.

Die Potenzierung ist im übrigen auch in meinem Buch «Unerhörtes aus der Medizin» (Hallwag Verlag, 3. Auflage, 1992) beschrieben.

IK1: Ein Glaskolben oder auch ein Schüttelgefäß wird bis zur Hälfte mit Wasser gefüllt; einige Tropfen der Tinktur werden hineingeleert und das Ganze kräftig geschüttelt, während einer Minute oder noch etwas länger.

IK2: Der Inhalt des ganzen Kolbens wird nun ausgeleert, so daß nur noch die Tropfen an der Wand verbleiben. Diese genügen zur Herstellung der neuen Potenz. Gleich wird der Kolben wieder zur Hälfte mit Wasser aufgefüllt und erneut rund eine Minute lang kräftig geschüttelt.

IK3: (Wasser nur bis etwa zur Hälfte des Kolbens, damit sich die Flüssigkeit mit der Luft im Kolben vermengen kann) Ausschütten, mit Wasser auffüllen, schütteln.
IK4: Ausschütten, wieder auffüllen, schütteln.
IK5: Ausschütten, auffüllen, schütteln.
IK6: Ausschütten, auffüllen, schütteln, dies zum sechstenmal.

Wir haben somit sechsmal verdünnt und sechsmal die Flüssigkeit im Kolben dynamisiert; würde die Verdünnung im Verhältnis eins zu zehn angesetzt, so entspräche dies einer D6. Möchte ich diese IK6 aufbewahren, so wird der letzte Verdünnungsschritt mit Alkohol gemacht und dadurch fixiert. (Im Wasser können die Verdünnungen nur kürzere Zeit aufbewahrt werden.)

Anstelle der Aufbewahrung einer Potenz empfehle ich die Therapie mit steigenden Potenzen. Dabei werden die Potenzen täglich ausgetrunken und abends gleich wieder zur nächsthöheren Potenz angesetzt und geschüttelt.

Mit dieser Methode kann bei chronischen Krankheiten eine Therapie mit täglich steigenden Potenzen durchgeführt werden. Der Sinn besteht darin, den ganzen Menschen vom Stoffwechsel mit einer IK6 über das rhythmische System (IK15) bis zum Nervensystem mit einer IK30 zu durchdringen. Es ergeben sich folgende Vorteile: Eine Kur ist sodann nach rund einem Monat beendet, der ganze Körper wird so zur Reaktion aufgerufen, Medikamentenreste gibt es nicht mehr aufzubewahren, Alkohol zur Konservierung erübrigt sich, der Körper wird durch eine immer höhere Frequenz neu angesprochen, die Wirkungen der Potenzen erlahmen weniger.

Erste Woche: In der ersten Woche werden die Potenzen IK6 bis IK11 vor den Mahlzeiten und vor dem Ins-Bett-Gehen in vier Gaben ausgetrunken. Am Sonntag wird eine Pause eingelegt.
Zweite Woche: Von Montag bis Samstag die Potenzen IK12 bis IK17 morgens, mittags und abends jeweils etwa zehn Minuten vor dem Essen oder auch zwischen den Mahlzeiten einnehmen.
Dritte Woche: Die täglich erhöhten Potenzen IK18 bis IK23 je morgens und abends einnehmen.
Vierte Woche: Die Potenzen IK24 bis IK30 in jeweils einmaliger Gabe morgens nüchtern einnehmen.

Diese Therapie kann natürlich auch während nur einer Woche durchgeführt werden. Die Gaben können individuell verdichtet werden, zum Beispiel sechsmal täglich in der ersten Woche, damit die Therapie auch gleich kräftig anspricht. Bei den höheren Potenzen ist eine Verdichtung der Gaben nur bedingt zu empfehlen, da Nebenwirkungen auftreten können.

Da Sie so in der Lage sind, innerhalb einer Viertelstunde ein homöopathisches Medikament frisch herzustellen, brauchen Sie nichts als die Kenntnisse der Natur in ihrer Umgebung und deren Zusammenhang mit dem kranken Menschen, um ihm gleich mit einem Heilmittel helfen zu können. Sie sind dadurch unabhängig von Spezialgeschäften, die die gewünschten Heilmittel auch oftmals erst bestellen müssen, wodurch wertvolle Zeit für eine naturgerechte Therapie verlorengeht. Der Gang zur Apotheke benötigt mit Sicherheit mehr Zeit als die Herstellung eines guten Medikamentes. Auch können Sie die Qualität des Heilmittels gleich selbst bestimmen. Angst vor schwerwiegenden Nebenwirkungen oder Fehlmanipulationen brauchen sie indes auch nicht zu haben, wenn die Mittel nach den erwähnten Regeln hergestellt und mit Verantwortungsbewußtsein verabreicht wurden.

Vom Mineral zum Homöopathikum

Minerale und andere Substanzen der Natur können mit dem Mörser zu Pulvern verarbeitet werden. In einem ersten Schritt wird das Mineral mit dem Pistill zerstoßen oder mit der Diamantfeile angeschliffen, der Schleifstaub im Mörser aufgefangen und weiter zu Pulver zerrieben.

In einem zweiten Schritt wird Milchzucker zugegeben, ungefähr im Verhältnis eins zu zehn (zehn Teile Milchzucker). Es folgt erneutes Verreiben während mindestens zwanzig Minuten. Bei harten Mineralien ab Härte sechs bis sieben (Glas, Bergkristall) sollte eine Stunde lang gerieben werden, damit das Pulver in Wasser oder Alkohol löslich wird. Diese Flüssigkeit kann dann, wie beschrieben, zum Homöopathikum hinaufgeschüttelt werden. Dies ist die einfachste Art, aus einem Mineral ein Homöopathikum herzustellen. Es ist aber auch möglich, das Pulver immer wieder im Verhältnis von etwa eins zu zehn weiter mit Milchzucker zu verreiben. Die so erhaltenen Pulver nennt man Verreibungen D1, D2, D3 usw. Nehme ich zum Beispiel Kalkpulver zur Verreibung anstelle von Milchzucker, so leite ich die Wirkung des zerriebenen Minerals in den kalkigen Knochen. Verreibe ich mit Kieselerde, so wird die Wirkung des Homöopathikums in die Peripherie des Menschen und in die kieselhaltigen Sinnesorgane gelenkt.

Verreibungen mit Lehm nehmen eine mittlere Stellung ein und sind geeignet, mineralische Wirkungen ins Gebiet zwischen Knochen und Haut, das heißt ins Bindegewebe und ins Lymphgebiet, hineinzutragen. Mit Milchzucker verriebene Mineralien werden ans Ich herangetragen, da der Zucker Vehikel der Ich-Organisation des Menschen ist. So wird es möglich, innerhalb einer Stunde irgendein Mineral zu einem wertvollen Heilmittel zu verarbeiten. Sie können also direkt beim Patienten den Nierenstein mörsern und zum Homöopathikum gegen Nierensteine verarbeiten. Dabei können Sie sicher sein: Ein derart präzises Homöopathikum ist mit Bestimmtheit in keiner Apotheke erhältlich.

Vom Metall zum Homöopathikum

Metalle können weder ohne weiteres gemörsert werden, noch sind sie löslich, so daß Metalltinkturen hergestellt werden könnten. Sie haben vielmehr zähfließende Eigenschaften und glänzen wie spiegelnde Gewässer, so daß eine fließend reibende Verarbeitung am ehesten in Frage kommt. Wie ein Gewässer den Boden abschleift, so soll der Stahl im Flüssigen am Arkansasgestein abgezogen werden. Zu empfehlen ist das Schleifen mit sauren Fruchtsäften, mit Zitrone, Berberitze und zerquetschten Schlehenbeeren.

Bei Blutarmut, Bleichsucht und Eisenmangel kann täglich ein mit Eisennägeln durchstoßener Apfel verzehrt werden. Viel effektiver ist es, auf dem Arkansasschleifstein einen Metallbrei mit dem Saft eines gequetschten Apfelschnitzes zu schleifen. Den Saft können Sie entweder direkt vom Schleifstein auflecken oder ins Birchermüesli oder in die Salatsauce einrühren. Sie brauchen dazu nichts als ein Messer, den Schleifstein und einen Apfel. Täglich morgens in nüchternem Zustand über einen Monat eingenommen, ergibt dies eine wunderbare Eisentherapie, zum

Beispiel bei Blutarmut und allen rheumatischen Erkrankungen. Auf diese Weise kann das Eisen ersetzt werden; der Körper weiß dann aber immer noch nicht, wie mit dem Eisen umzugehen ist.

Dem helfen wir ab, indem der saure Eisenbrei im Schüttelkolben in leicht salzigem Wasser hinaufpotenziert wird (eine Prise Meersalz zugeben). Das salzige Medium lenkt die Wirkung der Eisentherapie ins Blut und ist geeignet zur Resorption mit dem salzsauren Magensaft. Ideal ist eine Kur mit steigenden Potenzen von IK6 bis IK30, wobei zwischendurch ruhig wieder einmal konzentrierter Eisenbrei frisch ab Schleifstein eingenommen werden kann. Nun kann die Eisentherapie mit den verschiedenen Eisenmineralien variiert werden: Abgeschliffener Hämatit (Eisenoxid) ergibt einen blutroten Eisenbrei, geeignet - wie der Name es sagt - zur Therapie ins oxygenierte Blut. Der kotbraune Siderit (Eisenkarbonat) oder das geißenböhnchenartige Bohnerz eignet sich zur Eisentherapie im Darmbereich. Der Pyrit (Eisensulfid) eignet sich zur Therapie der Körperabschnitte, wo Atmung (Eisen) und Stoffwechsel (Schwefel) zusammenlaufen, also wo Luft- und Speiseröhre sich treffen, bei Halsweh, Erkältungen, Bronchitis und allgemeinen Stoffwechselstörungen im Lungenbereich. Der zähe Chromstahl wirkt ausgezeichnet bei zähen Schleimen im Nasen-Rachen-Gebiet. Jeder Stahl hat je nach Legierung eine spezifische Wirkung.

Weitere Metalle - Kupfer, Gold, Zinn und andere - können auch zu Brei geschliffen werden. So läßt sich Kupfer mit Kürbissaft schleifen, Silber mit Löwenzahnmilch, Gold mit Arnikablütensaft, Zinn mit dem Saft einer zerquetschten Traube (Zinnbecher, um Wein zu trinken) und Blei mit Honig. Wetzen kann man immer mit gewöhnlichem Hahnenwasser, was sich durchaus bewährt. Aufgepaßt bei Quecksilber, Blei und Arsenmineralien, die giftig sind und vorsichtshalber erst ab einer D6 als steigende Potenzen eingenommen werden sollten.

Vom Tier zum Homöopathikum

Tinte eines Tintenfisches, Magensteine eines Krebses, Läusefarbstoff von Koschenille (rote Schildlaus), Purpur einer Purpurschnecke, Schlangengifte, Ameisensäure, aber auch ganze Insekten wie Spinnen, Fliegen, Bakterien und Viren, auch Organe von Tieren, Bauchspeicheldrüse, Schilddrüse und andere Hormondrüsen, Gewebe von Lunge, Leber, Niere vom Metzger geliefert, können sinnvoll als Heilmittel eingesetzt werden. Doch auch sie müssen ganz fein zerrieben werden, damit das Ätherische des Menschen Zutritt gewinnt. Bei zähen, sehnigen Geweben gleitet der Stöpsel immer wieder aus.

Es kann hierbei nützlich sein, das Gewebe, bevor es gemörsert wird, mit der Diamantfeile aufzuschlitzen; die Gewebe können auch mit Lehm «paniert» werden, so daß der quetschende Stöpsel Halt findet und das Bindegewebe besser zermalmt. Alsdann wird die zermörserte Masse im Alkohol gesonnt und schließlich, von dieser tierischen Tinktur ausgehend, ein Homöopathikum der gewünschten Potenz hergestellt.

Anstelle von reinen Hormonen können oftmals, sanfter und besser, Schilddrüse oder Pankreas als Organverreibungen (D2 bis D6) verabreicht werden, so daß man auch in diesen Bereichen, wo Hormonprozesse ersetzt werden müssen, durchaus in der Lage ist, bei allfälligem Versagen von guten, handelsüblichen Präparaten sich selbst zu helfen.

Frischpflanzenöle und Salben

Salben kochen, mit Kerze oder Holzfeuer

Es ist ganz einfach, eine Salbe herzustellen. Sie spazieren, ausgerüstet mit dem Taschenlaborset, über das Feld, verlieben sich in eine Pflanze und sammeln im Glaskolben einige Blüten davon. Jetzt geben Sie ein wenig Öl, Fett und Bienenwachs hinzu. Mitten auf dem Feld oder im Garten zünden Sie eine Kerze an und beginnen, das Gemisch im Glaskolben während rund zwanzig Minuten ganz sachte zu kochen. Nun lassen Sie alles abkühlen, prüfen die Konsistenz der Salbe und korrigieren wenn nötig (Wachs härtet, Öl verdünnt). Wenn wieder aufgewärmt, läßt sich die nun fertige Flüssigkeit durch das Sieb in das Salbendöschen abgießen, wo sie zur fertigen Salbe erkaltet.

Noch einfacher ist folgende Methode: Sie erhitzen die Pflanzen nur mit Fett, sei es Butter aus dem Haushalt für eine Buttersalbe, sei es mit Schweineschmalz, sei es mit Wollfett (Lanolinsalbe) oder mit dem etwas härteren und weniger eindringenden Erdnußfett (Arachidissalbe). Natürlich können Sie auch Murmeltierfett, andere Fette oder auch Vaseline verwenden. Vaseline eignet sich ganz besonders für Metallsalben, die nicht in die Haut eindringen sollen.

Allgemein ist es gut, Bienenwachs und Öl beizufügen, ausgenommen bei Vaselinemetallsalben. Bienenwachs hilft die Salbe konservieren und vermittelt eine heilsame Schutzschicht für die Haut; Öle machen die Salbe streichfähig und fein und haben selbst auch eigene Heilwirkung, wie zum Beispiel Mandelöl oder Olivenöl. Rizinusöl eignet sich besonders für eine Haut, die belebt werden muß, und bei Pigmentflecken. Eines der feinsten Öle ist das pflanzliche Jolobaöl, das allerdings sehr teuer ist. Fettsalben werden schnell ranzig und sollten kühl aufbewahrt werden. Mit Öl und Wachs zusammen erhält sich eine Salbe länger.

Natürlich können Sie die Salben auch im Wasserbad über dem (zusätzlich lieferbaren) Wildniskocher zubereiten. Dieser Kocher ermöglicht es, mit ganz wenig Holz, mit einem oder zwei Tannenzapfen Wasser zu erhitzen und gleichzeitig größere Salbenmengen ohne großen Aufwand herzustellen.

Ein kleiner Trick: Um eine wohlig duftende Salbe zu erhalten, geben Sie ein bis zwei Tropfen eines ätherischen Öles hinzu.

Noch eine Variante der Salbenherstellung: Anstelle der Frischpflanzen gießt man den Ölauszug einer Pflanze direkt in den Kolben, wobei man durchaus noch ein wenig Pflanzentinktur beigeben kann.

Salben lassen sich aus den vier Naturelementen herstellen:
- aus dem Mineralischen (Mineral-, Metall-, Erd- und Aschensalben)
- aus dem Wäßrigen (Pflanzensalbe, wie beschrieben)
- aus dem Luftigen (Tiersalben, eiweißhaltige Salben, Ameisen-, Bienen-, Schlangen-, Insektensalben usw., wobei das Sekret oder auch das ganze Tier hineinverarbeitet werden kann)
- aus dem Wärmehaltigen (Salben mit ätherischen Ölen).

Aber eigentlich gehören Salben ohnehin dem Wärmeelement an, da sie aus Wachs, Fett und Öl bestehen, die alle verinnerlichte Wärme darstellen und auch brennbar sind.

Sie wirken immer auch über den Wärmeorganismus. Dies ergibt auch den therapeutischen Unterschied zu den Umschlägen, die über das wäßrige Milieu primär auf den Ätherleib einwirken.

Die Salbe hat den Vorteil, daß sie gleich auf der Haut haftet und überall appliziert werden kann.

Herstellung anderer Heilmittel

Zubereitung von Hand- und Fussbädern

Hand- und Fußbäder sind einfach zuzubereiten: Die zwölf Heilpflanzen können frisch gesammelt und zu einem konzentrierten Tee abgekocht werden. Das Konzentrat wird dann in einem Becken von etwa drei Litern Wasser der gewünschten Temperatur vermengt. Kräftiges Rühren steigert die Heilwirkung. Ein Hand- oder Fußbad dauert eine Viertelstunde. Diese Zeit soll von Ruhe, Glücksempfinden und Dankbarkeit erfüllt sein.

Die für Hand- und Fußbäder gesammelten Pflanzen können aber auch als Tinktur angesetzt werden. Fünf bis zehn Milliliter Tinktur werden den drei Litern Wasser beigemengt. Auch hier wieder ist das Rühren (Potenzieren) entscheidend.

Wollen Sie fertige Umschläge zubereiten, so verschließen Sie mit einer Plastikschweißmaschine für den Haushalt die zuvor mit Tinktur getränkten Fließpapiere oder Stofflappen. Diese Methode habe ich bereits für meine Heilpflanzentüchlein erprobt, die sowohl als Umschlag wie auch für Hand- und Fußbäder Verwendung finden. Dabei wurde das gut gesonnte und geschüttelte Alkoholkonzentrat auf eine D1 verdünnt, um es hautverträglich zu machen.

Blütentropfen, mit der Sonne zubereitet

Was gibt es Einfacheres, als eine Blüte, von der unsere Seele angesprochen wird, zu pflücken, ins Quellwasser der Gegend, das in einem Glas mitgenommen wurde, einzulegen und neben der gepflückten Pflanze von der Sonne durchstrahlen zu lassen? Die Ätherkräfte der gepflückten sterbenden Blüte verbinden sich so unter der Weisheit der Sonne mit dem Quellwasser. Diese fein ätherisierte Flüssigkeit kann dann, nachdem die Blüte herausgenommen wurde, mit Alkohol (beispielsweise mit Grappa) fixiert und konserviert werden. Dies ist wohl eine der einfachsten und reinsten Methoden, die Lebens- und Seelenkräfte einer Blume einzufangen. Es ist die Methode, nach der die Bachblütentropfen hergestellt werden, im Prinzip ein durchsonnter, wäßriger Auszug.

Wurzeltropfen, mit dem Mond zubereitet

Bei Vollmond ausgegrabene Wurzeln werden an Ort und Stelle ins Quellwasser im Glas gelegt und dem Mond ausgesetzt, bis dieser untergegangen ist. Die Flüssigkeit wird nach Entfernen der Wurzel wieder mit Alkohol konserviert. Der Sterbeprozeß der Wurzel, aus der sich der Ätherleib langsam loslöst, um sich mit dem Quellwasser zu verbinden, wird durch das Mondlicht begleitet.

Edelsteintropfen, von der Sonne geprägt

Ein Edelstein wird im Glas im Quellwasser der Gegend der Sonne ausgesetzt, über einige Stunden oder bis die Sonne untergeht. Die Flüssigkeit wird dann mit Alkohol fixiert, oder sie kann auch jeden Tag neu angesetzt werden. Das Geistige um den Kristall verbindet sich so unter dem lebendig webenden Sonnenlicht mit dem Wasser im Kolben. Jeder Edelstein zieht ein ihm zugehöriges Geistiges an, das als Prozeß mit der durchgeistigten Flüssigkeit im Körper zur Wirksamkeit gelangt.

Bei all diesen Methoden unterläßt es der Mensch, seine eigene Seele mit ins Medikament hinein zu mischen; er überläßt den ganzen Vorgang den Sternen, der Sonne und dem Mond. Solche Tropfen sind daher sehr rein.

MEIN EIGENES DESINFEKTIONSMITTEL

Füllen Sie ein Fläschchen mit hochprozentigem Schnaps (Grappa, Obstbranntwein, eventuell reinem Alkohol von 95 Prozent). Lösen Sie darin Tannen-, Lärchen- oder Bienenharz (Propolis) auf, und Sie verfügen über ein wunderbares Desinfektionsmittel. Ein solches Mittel ist nicht nur keimtötend wie viele im Handel erhältliche, sondern zudem heilend. Denn das Harz ist die Heilflüssigkeit eines verletzten Baumes und heilt Verletzungen. Es wird durch seine Klebrigkeit zum sinnvollsten «Pflasterspray», das auch überall dort angebracht werden kann, wo das Pflastern schwierig wird. Harz schützt und dichtet ab, ist antiseptisch und trägt die Kräfte der ätherischen Öle in sich. Und zudem gratis – die Natur verlangt nichts, außer daß man sie beachtet. Natürlich dürfen Sie in den Schnaps noch ein Wundheilkraut einlegen.

ZAHNPASTEN

Mit dem Mörser kann jederzeit ein Zahnreinigungspuder hergestellt werden, indem beispielsweise ein kleiner Kalkstein zu feinstem Kalkpulver vermörsert wird. Der Puder wird mit der befeuchteten Zahnbürste aufgetupft, und die Zähne werden damit geputzt. Anstelle eines Kalksteins kann auch Bimsstein, eine Muschelschale oder Dolomitgestein verrieben werden. Dolomit eignet sich, weil er ein magnesiumhaltiges Kalkgestein ist, beides nötig zur Zahnbildung und zum Regenerieren. Dies ist die einfachste Art der Zahnreinigung. Eine Abwechslung mit Pudern aus Lehm, Talk, Kieselerde, Asche, Holzkohle, Löß, Vulkanerde, Bimsstein usw. ist immer sinnvoll.

Die Zahnbürste kann anstelle von Wasser mit Zitrone, Salzwasser, Tee aus Kamille, Eichenrinde, Salbei, Schachtelhalm, Rinden oder Wurzeln benetzt werden. Eine Schaumbehandlung der Schleimhäute ist nicht besonders sinnvoll.

Die mechanische Behandlung der Zähne mit feinsten Pasten ist sicher besser als eine mit Putzmitteln. Nehme ich etwas Lehmpulver zur Grundlage, so lohnt es sich, die Paste nicht auszuspucken, sondern hinunterzuschlucken, womit der Darm durch diese unverdaulichen Mineralien angeregt und die Verdauung gestärkt wird. Feingemörserte Erde ist unendlich viel edler als sauber verpackte Kunstprodukte.

Bei empfindlichem Zahnfleisch kann mit dem Lehm ein Pflanzenschleim von Leinsamen oder von Malve («Käslikraut») vermischt werden. Gut ist es, morgens eine salzige und abends eine pflanzenschleimhaltige Zahnpasta zu benützen – morgens das Salz der Erkenntnis, abends den Schleim der beruhigenden Malve. Salzige Pasten erleichtern bei Plomben im Mund das Fließen von elektrischen Strömen zwischen den Plomben und können daher zu Übersensibilität der Zahnhälse führen.

Heilpflanzenöle, mit Feuer oder der Sonne zubereitet

Ist Ihnen das etwas differenziertere Salbenkochen zu kompliziert, so bereiten Sie Ihre Hautheilmittel nur im Öl zu. Sie kochen zum Beispiel Ringelblume während zwanzig Minuten in Olivenöl über einer Kerze und haben ein fertiges Warzen- und Akneheilmittel mit verblüffender Wirkung.

Die ganze Dermatologie wird zum Spiel, wenn Sie sich Zeit nehmen, die in Frage kommenden Hautheilpflanzen so auszuprobieren.

Um einen guten Ölauszug mit der Sonne zuzubereiten, sammeln Sie Blätter oder Blüten der Heilpflanzen und legen sie in Olivenöl oder ein anderes geeignetes Öl ein. Das Kräuteröl wird über eine Woche an die Sonne gestellt und dann unter Lichtschutz an einem kühlen schattigen Ort aufbewahrt. Häufiges Bewegen von Hand veredelt es. Solche

Ölauszüge finden Verwendung als Massageöle und Heilöle: Johannisöl bei Verbrennungen, Arnikaöl bei Verstauchungen usw. Bei den Salben ist es gut, bereits fertige Ölauszüge zuzufügen. Rosmarin- und andere Ölauszüge können zur Bademilch weiterverarbeitet oder direkt einmassiert werden. Setzen Sie selbst ihre eigenen Massageöle an.

Zäpfchen

Kinderzäpfchen mit Kamille und eventuell Kupfer IK3, Hämorrhoidalzäpfchen mit Roßkastanie und eventuell Antimonit IK3, Vaginalzäpfchen mit Rosmarin, Menskrampfzäpfchen mit Kupfer IK3 und Zitronenmelisse (auch bei Nierenkrämpfen geeignet) sind leicht herzustellen. Sie gehen vor wie bei der Salbenzubereitung, geben aber doppelt soviel Bienenwachs dazu. Jetzt nehmen Sie ein Stück Holz, bohren sechs Löcher, etwa drei Zentimeter tief, auf einer Linie. Ein Sägeschnitt mittendurch trennt das Ganze in zwei Stücke. Statt die Salbe in ein Döschen zu gießen, füllt man die Bohrlöcher, läßt erkalten und trennt die Hölzer voneinander, so daß die Zäpfchen herausgeschält werden können. Das Holzstück ist gleichzeitig Aufbewahrungsschachtel.

Zubereitung von Ölbädern

Legen Sie frische Rosmarinzweige in Olivenöl ein und lassen Sie alles durch die Sonne reifen, wie bei der Herstellung eines Ölauszugs. Um einen guten Badezusatz zu erhalten, schütteln Sie im Glaskolben Rosmarinöl mit warmem Badewasser und etwas Milch oder Rahm aus dem Kühlschrank zusammen. Milch und Rahm als Wasser-Fett-Gemisch erleichtert das Emulgieren des Öls. Der Sinn besteht darin, daß Tausende von kleinsten Rosmarinöltröpfchen in die Poren der Haut gelangen und dort eine Fremdkörperreaktion auslösen. Der Kreislauf muß das Blut zur Bewältigung dieser gesetzten Rosmarinentzündung in die Peripherie schicken, was bewirkt, daß sich die ganze Haut rötet. Die Haut gehört zum Nervensinnessystem und erfährt so eine Mehrdurchblutung, was für alle Krankheiten der Nerven erlösend und heilend wirkt. Im Rosmarinölbad finden Sie Entspannung, Beruhigung der Nerven, Regeneration und Genesung. Das Rosmarinöl ist das «heißeste» Öl der Pflanzenwelt und nimmt daher in der Badeöltherapie die wichtigste Stellung ein.

Finden Sie keinen Rosmarin, so legen Sie Tannadeln ein und bereiten sich ein Fichtenöl, das in der Winterzeit, wenn die andern Bäume ihre Atmungsorgane, die Blätter, verlieren, ein besonders gutes Lungen- und Atmungsheilmittel abgibt. Die im Kolben geschüttelte Öl-Milch-Emulsion kann – direkt ab Kolben – nach dem Duschen als Körpermilch eingestrichen werden. Dies ist auch die geeignete Therapie bei großflächigen Hautkrankheiten, zu deren Behandlung sich auch Ölauszüge der Salbei, des Schachtelhalms und der Malve gut eignen. Schauen Sie sich im Garten ein wenig um!

Ölbäder eignen sich vor allein zur Behandlung von schweren Schwächezuständen und zur Therapie von Süchten, weil dann der Wärmeorganismus beziehungsweise das Ich sehr geschwächt ist. Öl ist Balsam für den Wärmeorganismus.

Heilpflanzen im Wärmemantel

(Gedanken zum Heilen mit Ölen)

Der Mensch ist ein viergliedriges Wesen, so wie er auf unserer Erde, in der Wärme, mit der Luft und dem Wasser, auf dem festen Boden mit seiner festen Nahrung lebt. Es sind daher vier Organismen in uns miteinander verflochten: Der physische Organismus ist durchströmt von einem Flüssigkeitsmenschen, durchatmet von einem Luftmenschen und durchdrungen von einem ganz differenziert aufgegliederten Wärmeorganismus. Obschon die Elemente vom mineralischen bis zum Wärmeartigen immer feiner werden, sind sie immer noch wäg-, spür- und meßbar. Hinter ihnen liegt aber etwas, das der physischen Wahrnehmung nicht direkt zugänglich ist und trotzdem da sein muß. Mineralien allein machen noch keine menschliche Gestalt, sondern Berge. Es muß also so etwas wie ein Bildekräfteleib dem physischen Leib zugrunde liegen. Auch das Wasser würde im Menschen überall absacken und Spiegel, das heißt Wasseroberflächen bilden, wäre die Flüssigkeit in uns nicht belebt durch einen Lebensleib. Des weiteren würde die Luft als etwas physisch Alleingelassenes in uns überall Blähungen und Luftballönchen entstehen lassen. Es würde eine Art innere Meteorologie herrschen, wäre nicht ein sie gliedernder Astralleib unsichtbar hinter allem Luftigen in uns. Was die Wärme anbelangt, so würden sich all die nuancierten Temperaturunterschiede und Qualitäten sofort passiv ausgleichen, wäre nicht der unsichtbare Geist- oder Gedankenleib dahinter wärmend, liebend tätig.

Gehen wir einen Schritt weiter in unserem Gedankengang: Bei großer Kälte wären Luft und Wasser auf unserem Planeten gefroren und fest. Es hängt also von der Wärme ab, wie unser Planet beschaffen ist. Demzufolge muß das Element Wärme das Primäre unseres Planeten gewesen sein. Das älteste auf der Erde ist ihr Wärmeleib, das zweitälteste ihr Luftleib, das jüngere ist das Wasser, und das jüngste unserer Erde sind die Kontinente, die Berge und das Mineral – ganz wie im heranreifenden Kind im Mutterleib. Das Ursprünglichste des Menschen ist sein Wärmeleib, mit dem im Physischen erfühlbaren Wärmeorganismus. Es bildete sich allmählich mit der Erdentwicklung ein Luft- und ein Wasserorganismus hinzu, die natürlich nicht als Versteinerungen gefunden werden können. Erst ganz am Ende der Erdentwicklung hat der Mensch sich mineralisch durchdrungen. Solange es die Erde überhaupt gibt, war der Mensch anwesend, obschon erst am Schluß erdgeschichtlich auffindbar. Von dem Wärmemenschen wollen wir als dem ursprünglichsten Glied des später festen Menschen in der Therapie ausgehen, und die mit Hilfe der zum Element der Wärme gehörenden Öle. Wir hüllen unsere Frischpflanzen in kalt gepreßtem Olivenöl ein, bewegen und sonnen sie. Unsere Heilpflanzenöle sollen dann durch rhythmisches Einreiben in bis zu vierzig rosettenartigen Bewegungen an Ort potenziert und so zur Wirkung gebracht werden.

Dies ist eine Ergänzung zu den für unser Selbsthilfeprojekt kreierten rhythmisierten wäßrigen Taschenumschlägen, über die Weisheit des pflanzlichen Chemismus direkt auf den Flüssigkeitsorganismus und den dahinterliegenden Ätherleib übertragen wird. Sie werden berechtigterweise sagen: Jetzt fehlen aber für eine ganzheitliche Therapie noch etwas wie Luftumschläge! Hierzu haben wir in unser Selbsthilfeset ein geeignetes Räucher- und Duftlämpchen integriert. Ich möchte hier erwähnen, daß eine äußerst wirksame und sehr verfeinerte Lufttherapie über das musikalische Erlebnis führt, weswegen ich auf das Musizieren mit den verschiedensten Instrumenten und Klängen viel Wert lege. Erst solche Tätigkeiten führen zu einer nachhaltigen Gesundheit. Dem physischen Leib gehört der Sport, dem Lebensleib der Tanz, dem Seelenleib die Musik, dem Geistleib der Gedanke und das Gedicht. Öle erwärmen, Düfte erregen, Umschläge bringen ins Fließen, Kraft bringt auf die Erde, auf daß Geistiges hier werde, bewegt den Stein und trägt Willen in den Menschen hinein. Eine ganzheitliche Therapie berücksichtigt alle diese Stufen, die im Künstlerischen mit Gedicht, Musik, Malerei und Plastik erweitert werden. Die Therapie mit den Ölen ist sozusagen eine Therapie von oben herab, von der Wärme in die Physis, sowie sich der Mensch und die ihn erneuernden Sternenkräfte inkarnieren (beschrieben in meinem Buch *Heilung aus dem Kosmos,* Hallwag, 1997): Einer solchen Öltherapie liegt der Gedanke zugrunde, daß die heilenden Erneuerungen nicht vom Erbgut, vom Gen, sondern von der Individualität des Menschen herrühren. Sie hilft damit alle Stufen der Menschwerdung unter die Regie des freien Geistigen, der Liebe, bringen.

Pflanzenbriefe

Liebe Salbei,
Wie schön ist es, daß ich Dir auch im Winter begegnen kann, daß Du Deine samtenen Blätter selbst bei Schnee nicht fallen läßt. Ist dies vielleicht Dein Geheimnis, daß Du bei Kälte und Winter Kräfte im Menschen zu entfalten und mit Deinen Atmungsorganen, den Blättern, den Atemwegen die Hitze ätherischer Öle einzuverleiben vermagst? Sind Deine samtpelzigen Blätter selber so etwas wie ein Flimmerepithel der menschlichen Atemwege auf pflanzlicher Stufe? Deine aschgraue Farbe verrät den lebendigen Veraschungsprozeß in der Weisheit Deines Chemismus. Ist dies nicht das biochemische Geheimnis der die Lebenskräfte begleitenden Verbrennung in den Lungen, welche bei Erkältung unsere Atemwege nicht mehr genügend erwärmt? Du hast mir – mit kalten Füßen und entzündlichen Schmerzen im Gaumen-Rachen- und Luftröhrenbereich im Schnee stehend – schon so oft geholfen. Du stärkst mir aber auch die Milz mit ihrer wärmeerzeugenden, immunstärkenden Tätigkeit. Du hilfst meinem Ich im Stoffwechsel des Bauchraums wieder die Regie übernehmen und läßt ihn die Vertikale Deines Blütenstengels erfahren. Du hast die Kraft, mich gegen allerhand Süchte zu feien, ist Sucht doch der Zustand, in dem nicht mehr mein Ich, sondern Es in mir bestimmt. Ein Bad in Dir hilft Sucht überwinden, stärkt Milz, Pankreas, Leber und Galle. – Liebe Salbei, Dich als Lebewesen will ich ansprechen, mit Deinem physischen Leib will ich sorgsam umgehen, damit Dein Geist in Dir und um Dich herum dem behandelten Menschen viel Heilung geben kann.

Liebe Margerite,
Ich schreibe Dir, weil Du der Freund der Kinder bist. Wie manches Herz hast Du wohl beglückt, wie oft hast Du schon

auf Wiesen mit Kindern und Bällen gespielt und Deine Fröhlichkeit, Deine Sonnenoffenheit mit ins Spiel getragen. Was wäre ein Spielplatz ohne Dich! Du bist auch gar nicht zimperlich, erträgst herumspringende Kinderfüße, ohne gleich zu welken. Du kennst keinen Grund, nicht zu blühen, der Sonne entgegen zu lachen, vom Frühling bis tief in den Winter hinein. Ich bewundere Dich, Du Arnika der Spielwiesen: Du heilst alle Schürfungen der Kinder, wenn sie einmal im übermütigen Spiel von der Wiese auf den harten Asphalt geraten. Du begleitest sie auch bis in die Pubertät, wenn sie wie Du zu blühen beginnen: Pickel im Gesicht, innen gelb mit weißem Hof rings herum. Bei Akne sehe ich ein Gänseblümchen in der Haut erwachen! Ich weiß, daß Du, «Margritli», diesen unvollendeten Prozeß in der Haut zu Ende führen kannst. So verwandelst Du die innere Offenheit der Kinderseele in äußere Schönheit junger Erwachsener und erstrahlst im Ich eines erwachenden Menschen.

Erhabene Tanne,
Dir möchte ich Ehrfurcht entgegenbringen, Dir danken für Deine Lebensweise, die durch die ganze Kindheit hindurch in mir gewirkt hat. Wie oft hast Du meinen Blick erfaßt, ihn an Deinen Stamm emporgeführt und zum Himmel getragen. Wie oft hast Du mich aufgerichtet, wie hast Du mich aber auch mit Deinem Raunen im Wind in innere Tiefen versenkt und mich an den musikalischen Menschen in mir herangeführt. Wie hast Du im Dunkel Deiner Wälder mein inneres Licht entdecken lassen. Dein Harz läßt Saiten erklingen, läßt den Kletterer den Stein besser ergreifen, und Dein Holz läßt den Kontrabaß in mir als älteren Menschen erschwingen. Dein Holz im Feuer hilft Karma verschlingen und in lauten Knällen zerspringen – in Licht sich verwan-

delnd, in Liebe sich auflösend. Wie bringst Du es fertig, mich zu verzaubern, meinen Verstand nach innen zu lenken und mein Gemüt aufleben zu lassen, wenn Du Dich im Duft von einem in eine Kerzenflamme gehaltenen Zweig verströmst und mich ergreifst, mich wandelst, mich zu tiefster innerlicher Dankbarkeit und Liebe bewegst! Du kannst mich ergreifen, ohne mich zu packen, mich hinwegführen von meiner Selbstbezogenheit, den Blick zum Himmel führen. Du läßt mich sonnenunabhängig stämmig werden und führst mich in die Weiten der Sternenwelt – um zu erkennen. Wir zwei, Du und ich, wir sind von nun an nicht einfach umzuwerfen, wir geben den Winden den Halt und beantworten Verstand mit Musik.

Liebe Birke,
Licht und lauschig, ja fröhlich und goldig wird es in mir, wenn ich mich in Deine Nähe begeben kann. Du nimmst mir jegliche Schwere ab, verwandelst mein Gemüt in einen sprudelnden Quell, nimmst mich mit in die singenden Lüfte, erheiterst, bewegst, durchlichtest mich, Du Lausbub! Der Luftibus in mir beginnt zu tanzen, doch, oh weh, es knarrt in meinen Bändern, meine Sehnen sind durch seelenerstarrende Schulgescheitheiten zäh und unelastisch geworden. Du aber, pflanzliches Wiesel, fegst mit Deinen Zwieseln, dem Birkenbesen, mein Alter im Frühling einfach weg. Du begrünst meine knarrenden Knochen. Für die Gelenke ist Dein Teer das geeignete Schmiermittel, wurden doch im alten Rußland die Karren in den eisigen Wintern damit gesalbt. Erwärmend jedoch bist Du nicht – daher möchte ich Dich mit Öl umgeben, damit Du Deine Geschicklichkeit auf den Wärmeleib des Menschen übertragen kannst. Oder hilfst Du nach der Sauna mit Deinen beblät-

terten Birkenweigen mit, die Haut leicht abzuklatschen, um sie dann in Deinem Öl verjüngend einzuhüllen, sie mit Birkenherbe zu kleiden?

Gute Weide,
Wenn ich leide, gehe ich zur Weide. Du bist wahrlich der größte Künstler im Umgang mit Bruch und Schmerz. Schmerz ist Stau und Blockade – Du aber bist beweglich bis ins Holz hinein. Du läßt Deine Glieder nicht so leicht brechen, kannst sie zu Körben verschränken, ohne dabei zu leiden. Du kannst Bäche verbauen, Seeufer festigen, Böschungen fixieren, Sümpfe urbar machen. Du weißt ja, großer Weidengeist – denn ans Geistige eines Pflanzenwesens wende ich mich immer, wenn ich mit Dir rede – daß der Mensch auch Sümpfe in sich haben kann, daß unbelebtes Wasser in ihm Ödeme hervorruft, daß Verstauchungen den Knöchel schwellen lassen und daß Du den Menschen Deinem Wesen gemäß heilst. Was Du in der Natur tust, tust Du auch im Menschen. Hier liegt der Ansatz zu einem geistigen Erkennen von Heilkräften. Verstauchungen, Ödeme, Schmerz und Bruch erträgst Du selber in der Natur und heilst sie in Dir, in uns. Schon oft bist Du geschnitten worden und hast aus einem Zweig heraus eine neue Wurzel geschlagen und so ein neues Abbild von Dir erschaffen. Kannst Du vielleicht sogar die den Wurzeln verwandten Nerven und Knochen zur Regeneration anregen: nach Verletzung, Brüchen oder bei Ischialgien? Bitte, liebe Weide, verleih auch gebrochenen Menschen Deine Regenerationskraft, hilf ihnen, sich nicht zu verhärten. Ich danke Dir, daß Du Dich bis zum Boden neigst, in Demut, und uns bei Tod als Trauerweide, bei Schmerz und Tränen bis zur Erde begleitest. Dein Öl soll uns die letzte Ölung geben.

Lieber Mohn,
Rot ist die Kraft des Lebens, rot bist auch Du. Im Blühen bringst Du unser junges Blut zum Wogen. Übermütiges hitziges Leben, aus dem Bauch heraus. Das macht Dir Spaß. Blüte ist Bauch, Dein Rot ist wallendes, tatenfreudiges Blut. Doch wehe, so manche Tat aus dem Bauch heraus hat uns später Seelenschmerzen bereitet, weil spontanes Leben heute kaum noch von den Mitmenschen ertragen wird. So kann ganz plötzlich der Appetit vergehen, der Bauchraum erstarren. Die Verdauung von seelisch Unbewältigtem führt zur Blockade. Du aber, lieber Mohn, vermagst beides: flammend zu blühen und zu erstarren im Bauch dank Deinen wendigen Lebenskünsten. Eine verholzte Blütenkapsel ist nichts anderes als ein erstarrtes botanisches Darmkonvolut. Sanfte Massagen eines Bauches mit Mohnöl können denn auch Seelenschmerzen auflösen und nebenbei Verstopfungen beheben. Einschlafen und aufwachen zu helfen kannst Du, unser Schlaf- und Wachmohn! Du bist so sanft und bedürftig, kräftig und arrogant in einem, unselbständig im einzelnen und uferlos in der Masse. Du bist ein noch nicht erwachsenes Kind, stark in der Gruppe mit großen Idolen, aber noch fein in der Seele. Du hilfst der Seele zum Geist und dem Geist zur Physis. Du räkelst Dich und bist in Deiner Geste doch noch nicht ganz ein Ich. Bluffen, um dann im Schoße der Lieben zu weinen – das ist der Spagat Deines Seelenlebens.

Liebe Ringelblume,
Auch Du kennst keine Grenzen, weder im Wachstum noch in Deiner Blühkraft: ganz wie ein gesundes Kind. Du wirst ja auch zu Recht Wucherblume genannt, weil Du jeglichen freien Platz im Gartenbeet für Dich allein einnimmst. Du

bist wie ein Kind, das sich noch nicht selbst zurücknehmen kann und auch nicht soll. Du hast keine Selbstzweifel. Dein frischer Duft, leicht säuerlich, ja mandarinenartig betörend, und Dein Kraut, leicht klebrig, die Haut schützend und umhüllend, sind die idealen Voraussetzungen dafür, die Haut zu veredeln, zu schützen und zu regenerieren. Wenn Du wucherst im Garten, unsere Ringelblume, dann machst Du es der Umgebung schwer, den Platz zu halten. Du scheinst denn auch beim Menschen wuchernden Fremdprozessen Einhalt zu gebieten und eher geneigt zu sein, Dein Eigenleben zu entfalten, als dasjenige anderer zum Zuge kommen zu lassen. Fehlt jedoch bei einer Wunde ein Stück Haut oder Gewebe, bist Du als hochentwickelter Korbblütler in der Lage, Substanzbildung anzuregen und diese richtig einzugliedern, so daß das Ganze eine Gattung macht: eben wie ein schön arrangierter Korb voller Blüten. Dein säuerliches, schweißverwandtes Wesen zieht immer auch Astralisches heran – das ist Sternenweisheit im Sternenleib des Menschen, der immer auch gestaltend, regulierend in den Hautstoffwechsel eingreift und so Schweiße und Talge ins richtige Verhältnis zueinander bringt. Schweiß, Talg und Drüsen sind Deine Domänen, Ringelblume.

Liebe Mistel,
Du und Deine Beeren sind wie Monde in der Natur. Ihr lebt ja nicht einmal auf der Erde, sondern auf Rinden und habt mit der Erde kaum etwas gemeinsam. Deine Beeren sind fahl und blaß wie der Mond selbst. Du bist ein Knäuel von aufeinander wachsenden Keimblättern. Keime unterliegen der Monddynamik, Stengel werden dagegen aus den Sonnenkräften heraus gebildet. Stengelwachstum kennst Du nicht, und so spielt es Dir auch keine eigentliche Rolle, ob es Som-

mer oder Winter ist – Hauptsache, es ist Mondzeit. Du kennst den Monat, doch weißt Du nicht, was ein Jahr ist. Deine Beeren leben im Schleim, und ihr Schleim ist wie Leim. Er kennt keine Tendenz zum Sich-Aufrichten, sondern nur ein Sich-Anschmiegen. Wo aber Schleime sind, herrschen Reproduktions- und Keimkräfte. Sie wirken denn auch auf keimende mondartige Geschwülste. In Deinem Grün leuchtet jedoch etwas Feuriges auf, was an das Schillern grüner Tierhäute erinnert. Dein Blatt ist ganz Haut oder Leder, und Deine Blattstengel haben etwas Spinnengliedriges, Insektenhaftes an sich. Bist Du, Mistel, mit Deinen Eiweißspuren etwa ein in einer Pflanze erstarrtes Tier? Unheimlich, Deine Phosphoreszenz: Licht leuchtet aus Ichkräften heraus in Deine Mondsphäre hinein. Komm, legen wir Dir einen Ölmantel um, kleiden wir Dich in Wärme, so kann das Ich in der Heilung von mondartigen Wucherungen die Regie im Wachstum wiederum übernehmen: Das Geistige im Menschen erhält Zutritt und leitet den Wachstumsprozeß zum Guten.

Ihr lustigen Moose und Flechten,
Wie liebevoll geht Ihr Moose mit uns Menschen um! Ihr laßt mich, den müden Bergwanderer, die Schuhe ausziehen, liebkost meine Füße und kühlt die erhitzten Ballen. Mein Fuß hat Fieber bekommen im harten Schuh: Ihr Moose schmiegt euch an, kühlt und lindert. Ihr seid samten und lieb. Das Brüchigste, ein zartes Ei, vertrauen Vögel und zur Osterzeit auch wir Menschen nur Euch an. Wie lustig und lieblich ist es, Eure Kapriolen im Kleinen zu betrachten. Ihr ahmt all die Künste der Farne und Pilze nach, seid unbegrenzt in Eurer Phantasie und Gestik. Flechten und Moose, Ihr seid die zartesten Wesen der Pflanzenwelt, noch undifferenziert, zu

allem fähig wie ein Säugling, alles imitierend und ausprobierend; selbst den größten Blödsinn nachahmend. Ihr seid selbst ja auch noch nicht ganz trocken, aber das versteht sich! Wenn ich Euch in Öl hülle, so könnt Ihr zarteste Menschen schützen. Kranke Kinder zu kühlen, ohne ihnen die kostbare Wärme wegzunehmen, das ist Eure Kunst. Ihr schützt in der Natur den Stein und die Rinde und bewahrt in Mooren alte unverseuchte Zeiten. Auch den Menschen schützt Ihr, vorzugsweise seine empfindliche Haut vor der Unbill der verseuchten, ja verstrahlten, versmogten Außenwelt. Ihr seid die Behüter des Alten und erfüllt diese Aufgabe mit jugendlicher Phantasie! Es ist eine Freude, Euch zuzuschauen. Damit ermöglicht ihr dem darunterliegenden Organismus sein Eigenleben. Behüten wir Dich, Du zartes Moos, so behütest Du sicher auch uns. Dank sei Euch, Ihr wirkenden Geistwesen in Moos und Flechte.

Liebe Schlehe,
Du weißt ja: Schneewittchen sind nicht gerade kräftig, sondern eher schlapp, schwach und lieb. Zu Schneewittchen werden wir nach langer Krankheit, nach Operationen, nach willenbrechenden Schicksalsereignissen, wenn der einzige lebensbejahende Gedanke nur noch darin besteht, lieb sein zu wollen. In den Augen solcher Menschen tritt die Bitte hervor, wieder stark und zäh zu werden, aber trotzdem zart zu bleiben, um all das, was man in der Krankheit an Zuwendung erfahren hat in Form einer entschiedenen guten Tat zurückzugeben. Dieser Seelenzustand, dieses Streben kann der Seelenleser im Buch der Natur wiederfinden. Blüten sind die anrührbaren Träume der Pflanzenwesen. Schlehdorn ist der erblühte Schneewittchentraum: zähestes Holz, widerstandsfähigste Dornenhecken, die zart im schneeweißen

Kleid erblühen. Wer möchte nicht solche in einem erbärmlichen Zustand befindlichen Menschen mit Liebe erlösen? Öl ist Liebe; daher ölen wir schwächliche Personen mit feinstem Schlehenöl ein, auf daß sie schnell erstarken, sich im täglichen Leben erwehren und für das Gute einsetzen können. Sind die Früchte der Wandlung durch Krankheit alsdann über Monate gereift, so bestehen sie jetzt auch die ersten Herbstfröste.

Hypericum und sein Imperium

Möchten Sie einmal mit der Strahlkraft eines Königs herumspazieren? Sie können sich diesen Wunsch auf einfache Art erfüllen: Ziehen Sie sich einen Königsmantel an, außen golden, innen purpurn! Anders gesagt: Ölen Sie sich mit Johannisöl ein! Sie werden, gesegnet durch dieses goldige Pflanzenlicht unsichtbar-sichtbar die Kraft eines Königs ausstrahlen. Erhaben erblüht das Hypericum im Sommer mitten in der Wiese, außen golden, innen aber, wenn die Knospen geöffnet werden, tritt das purpurne Samtkleid seiner Majestät hervor. So übergibt die Sonne ihr Goldszepter der Wiese, und im Purpur erstrahlt die Kraft des Lebens (vgl. dazu den Farbteil des Buches *Heilung aus dem Kosmos,* Hallwag, 1997). Johannisöl schenkt Ihnen die Macht, Ihr Leben und daher auch die Welt zu verändern!

Hey Rosmarin!

Wer kennt Dich nicht, Du mit Deinen stets himmelwärts strebenden Zweigen, mit den aufwärts gerichteten Blättern und den sonnenwärts entweichenden Düften? Auftrieb ist Dein inneres Gesetz! Das ätherische Öl, das Du hervorbringst, ist das an Wasserstoff reichste der ganzen Pflanzenwelt, das leichteste und feurigste zugleich! Wohin aber gehört der Wasserstoff? Er ist inkarnierter Feuerstoff, welcher von der Sonne kommt. Können Sie sich ein Aufstehen ohne Sonne denken? Es ist lustig sich vorzustellen, daß die Menschheit sich mit dem Zurückweichen des Nachtschattens auf der Erde auf dieser Linie synchronisiert, walmartig erhebt. Jeder denkt, er stehe selbst auf. Darüber lacht aber die Sonne und verspürt sicherlich eine unsägliche Lust daran, mit ihren Strahlen Mensch und Natur wach zu kitzeln. Lachen gehört zur Sonne, und dabei hüpft ihr das Herz. Es gibt keinen anderen Stern am Himmel, kein Planetenwesen, das sich so sehr der Fröhlichkeit, dem Humor verschrieben hat wie unser liebstes und lustigstes Gestirn: die Sonne. Ein Kraut, das ihr all seine Stengel, Triebe und Nadeln schnurstracks entgegenstreckt, bist Du, guter Rosmarin. Wundert es da, wenn dem Rosmarinkraut die Kraft zugesprochen wird, Rücken gerade und Wirbelsäulen wieder auf zu richten? Alles, was sich nicht mehr aufrichten kann, benötigt eine Rosmarinmassage. Richtiges Leben ist doch nur jenes mit erhobenem Haupt und leichtem Fuß. Warum nicht gleich mit einer Fuß- und Nackenmassage mit Rosmarin beginnen?

Würziger Thymian,
Wenn ich an Dich denke, klettern meine Gedanken in den Felsgebirgen von Südfrankreich herum, wo Du Dich verschroben in winzigen Felsrissen an den Fels schmiegst. Verholzt, kratzig bist Du, und aschgrau ist Deine Farbe. Dein Geschmack selbst ist schärfer noch als Asche, und Du verschlägst mir beim Goutieren auch gleich den Atem. Du richtest Dich nicht auf wie der Rosmarin oder wie die Flammen eines lodernden Feuers. Du kriechst wie ein Schwelbrand mit seiner Glut den Ritzen im Gelände entlang. Rosmarin ist

lebende Flamme himmelwärts, Thymian hingegen lebende Glut und lebende Asche der Erde – er heilt unser Erdorgan: die Lunge, in der sich ebenfalls ein lebendiger Verglühprozeß abspielt. Die Lungenschleimhaut ist ein Organ, das in sich auch keine Aufrichtegesetze kennt. Thymian ist Lungenglut und tut den Lungen wärmend gut. Das alleinige Denken an Dich löst in meinen Lungen einen Waldbrand aus!

Register und Stichwortindex

Zum Gebrauch des Registers

Es gibt immer noch Schulen, in denen Naturheilkunde noch nicht als reguläres Fach im Unterricht eingeplant ist. Soll die Schule Hilfe für das Leben sein, Lebenstüchtigkeit in Familie und Beruf vermitteln, so gehört zum sinnvollen Schulstoff: die Herstellung von Tinkturen, die Zubereitung von Salben und natürlich die Herstellung von Homöopathika. Diese Grundausbildung ist unabdinglich, wie etwa die Einführung des Computerunterrichtes, und bietet ein gutes Gegengewicht. Selbst zubereitete Naturheilmittel kosten nur den Preis für die Grundmaterialien; die Blumen schenkt uns die Natur. Arztkosten, krankheitsbedingte Kassen- und Staatsbelastungen sind nicht mehr tragbar und machen ihrerseits krank. Spätestens an diesem Punkt muß über die Schulen eine Ausbildung in Hilfe zur Selbsthilfe angeboten werden.

Die Zubereitung von Homöopathika erfolgt sehr schnell: Für eine D6 benötigt man sechs Minuten, weniger als irgendeine andere Beschaffungsart; zudem sind die Heilmittel wegen ihrer Lebendigkeit wirksamer. Die Zubereitung ist einfacher als Suppe kochen: Ein Glasgefäß mit etwas Tinktur schütteln, dann fast ausleeren, nun wieder mit Wasser füllen und schütteln, das können alle!

Die Verbindung von Heilpflanzen und Organen gehört zum ABC der Naturheilkunde und muß in der Schule oder im Selbststudium einmal gelernt werden. Dies ist in kurzer Zeit so weit möglich, daß sinnvolle Sofortmaßnahmen immer ergriffen werden können. Wie bei jeder Tätigkeit ist es wichtig, daß Fachpersonal, Krankenschwestern, Drogisten,

Apotheker, Ärzte, Heller, Künstler usw. in die Schulung miteinbezogen und in Konsultationen gefragt werden, damit der Lernende von wertvollen Erfahrungen profitieren kann und sich nicht verirrt. Auf die Dauer können aber nur Therapien heilend sein, an denen der Betroffene, seinen Fähigkeiten entsprechend, maßgebend beteiligt ist; denn er muß ja anhand seiner eigenen Lebensgeschichte die Bewußtseinsprozesse durchmachen, soll das Leben Sinn erhalten.

Die innere Haltung, bereit zu sein, sich immer belehren zu lassen und erworbene, gefestigte Vorstellungen aufzugeben, ist die beste, um sich nicht zu verrennen und noch tiefer zu verstricken. Allerdings ist es nicht möglich, einfach geradlinig fortzuschreiten, denn lebendige Erkenntnis geht immer über verschlungene Wege. Irrwege sind nötig, damit eine Erkenntnis zur Lebenserfahrung wird. Selbsterkenntnis ist Voraussetzung zur Änderung. Unter diesen Voraussetzungen gehandhabt, kann das Register Ihnen wertvoll werden. Es soll Sie jedoch nicht von der eigenen Verantwortung entbinden.

Die im Register verwendeten Abkürzungen sind auf Seite 293 erklärt.

Abszess: vgl. Eiterungen
Küche: Abwechselnd Umschläge mit Zwiebeln (Reifung, Entgiftung), Kohl (eiterziehend), Zitrone (Desinfektion, Sonnenqualität), Quark, Honig (osmotische Reinigung).
Bad: Schachtelhalmfußbad (Entlastung über die Nieren), Schafgarbenhandbad (Leber), lokal Umschläge mit Wiesengeißbart (Entzündung, Verhindern von Verklebungen).
Tee: Löwenzahn (leberreinigend), Brennessel (blutreinigend).
Homö: Merc (Eiterstau), Sulf (zur Ausreifung), Arn (Zirkulation, Resorption).
Tip: Kein Zucker, Massage der Reflexzonen, Fastenkur, Moxibustion, Taschenofen.
Selbstgefertigtes Medi: Muskatnuß IK6 (Abszeßausleitung).

Akne: vgl. Abszess, Entzündung
Küche: Quark (sanfte Reifung), Lehm (Austrocknung), Zitrone (Desinfektion, Sonnenkraft), Honig (osmotisch aktiv, ernährend, Liebesqualität).
Bad: Schachtelhalmfußbad (abends), Schafgarbenhandbad (mittags).
Tee: Brennessel (blutreinigend), Wegwarte (Milz, Pankreas, Darm), Frauenmantel (Pubertät).
Homö: Carb (Zellatmung), Cham (Entzündung, Beruhigung), Merc (Eiterstau).
Tip: Mit abgekochtem Wasser reinigen, wenig Fett, Zucker, Salz, täglich ausgiebige sanfte Hautmassagen, eventuell sanft schröpfen, Molkenkur.
Selbstgefertigtes Medi: Eisen IK6 bis IK30 als Kur mit steigenden Potenzen.

Allergie: vgl. Ekzem
Küche: Zitrone (antiallergisch, Saft oder das Weiße der Schale benutzen), Honig.
Bad: Schachtelhalmfußbad (Nieren, Nebennieren), Schafgarbenhandbad (Leberstoffwechsel), Rosmarinvollbad, wenn verträglich (verbessert die Hautzirkulation).
Tee: Wegwarte (Milz, Pankreas, Darm), Löwenzahn (Leber), Frauenmantel (Menstruation), Brennnessel (Blut, Ablagerungen, Eisenstoffwechsel), Mistel (Immunsystem).
Homö: Apis (Allergie), Berb (Galle, Sekrete).
Tip: Keine eiweißhaltige Nahrung abends, morgens kein Zucker, Molkenkur, Fasten.
Selbstgefertigtes Medi: Allergene in Alkohol (Grappa, Obstbranntwein) einlegen, dann hinaufpotenzieren, Kur mit steigenden Potenzen von IK6 bis IK30.

ANTIBIOTIKA (DANACH)
Küche: Zwiebelwickel über Nieren, Kohlwickel über Leber.
Bad: Schachtelhalmfußbad (Nieren, Nebennieren) abends, Schafgarbenhandbad (Leber, Darm) mittags, Rosmarinvollbad (Durchwärmung).
Tee: Löwenzahn (Leber), Brennessel (Blutauffrischung), Kamille (Magen, Darm).
Homö: Sulf (Entgiftung).
Tip: Tägliche Organmassagen, Schröpfen, Dauermoxibustion mit Taschenofen.

ARTERIOSKLEROSE: VGL. ZIRKULATIONSSTÖRUNG
Küche: Knoblauch, Honig (Hirnstoffwechsel).
Bad: Lärchenhandbad (Durchlichtung), abwechseln mit Johaniskrautfußbad (antidepressiv), Rosmarinvollbad (Aufweichen für Wärme).
Tee: Weißdorn (Herz, Kreislauf), Brennessel (Ablagerungen), Wegwartenwurzel, Löwenzahnwurzel, Baldrian (Nervenstärkung).
Tip: Wollene Kappe, Schlafmütze, ausgiebige Kopfmassagen, Fasten.

ARTHRITIS: VGL. RHEUMA
Küche: Honigwickel, Salzbad (bei Schwellung), Zwiebelmassage, warme Lehmwickel.
Bad: Lokal: Wiesengeißbart (Entzündung), Roßkastanie, Schafgarbenfußbad (Leber), Schachtelhalmfußbad (Nieren), Rosmarinölbad.
Tee: Brennessel (Blutreinigung), Löwenzahnwurzel, Wegwartenwurzel.
Homö: Merc (Stau), Apis mit Bell (Entzündung), Arn (Durchblutung).
Tip: Kupfer- oder Goldumschlag, Schröpfen, Moxibustion, Dauermoxibustion mit Taschenofen, Fasten, Eisentherapien in allen Varianten.
Selbstgefertigtes Medi: Eisen IK6 bis IK30, Kur mit steigenden Potenzen, Wärmesalbe mit Pfefferschoten, Johannisöl zum Massieren, Wacholderöl.

ASTHMA: VGL. NIEREN- UND LUNGENSTÖRUNGEN
Küche: Zitronenwickel über Lungen (Krämpfe), Kohlwickel, Zwiebelwickel (löst Schleime).
Bad: Schachtelhalmfußbad (Nieren), Schlehdornfußbad (Erschöpfung), Thymianhandbad (Lungen), Rosmarinvollbad (Durchwärmung).
Tee: Zitronenmelisse (Entspannung, Nieren, Streß), Lindenblüten (Schwitzen), Brennessel (Blutreinigung, Ablagerungen, Allergie), Mistel (Immunsystem).

Homö: Carb (Atmung, Nieren), Berb (Atemwege reinigend, Krämpfe), Arn (Herzunterstützung), Merc (Entstauung, Lunge), Apis (Durchwärmung).
Tip: Kupferlappen über Nieren nachts, Dauermoxibution der Nieren mit Taschenofen oder heißem, mit Tüchern umwickeltem Ziegel oder Kieselstein (ins Bett unter die Nieren legen), täglich ergiebige Nieren- und Lungenmassagen, Nieren schröpfen und wärmen, eventuell sitzend schlafen.
Selbstgefertigtes Medi: Eichenrinde potenzieren (stabilisiert Asthma, antiallergisches pflanzliches Kalzium), Formica D12 (Ameise) zweimal täglich.

Augenentzündung

Küche: Schwarztee für Augenwaschungen und Umschläge (mit Teebeutel oder getränkter Watte).
Bad: Lärchenhandbad (Durchlichtung), Schachtelhalmfußbad (Klärung der Nieren).
Tee: Schwarztee äußerlich, Löwenzahn innerlich (Leber), Wegwarte (Allergie), Brennessel (blutreinigend).
Homö: Bell (Entzündung), Lach (Verspannungen, Wirbelsäule), Apis (Allergie), Arn (Verletzung).
Tip: Massage des Nackens, eventuell sanfte kreisende Massagen um das Auge (chinesische Massage), ableitendes Nierenschröpfen.
Selbstgefertigtes Medi: Augentrost oder Quitte (Allergie) potenzieren.

Ausfluss

Küche: Kohlwickel über Unterleib, Wollunterwäsche und Socken, Honig- und Zitronenspülungen (Durchlichtung, Desinfektion), Schwarzteespülungen (gerbt, glättet).
Bad: Schafgarbensitzbad (Stoffwechsel), Rosmarinfußbad (Durchwärmung), Johanniskraut (Sonnenkraft, Depression).
Tee: Zitronenmelisse (wärmt), Brennessel (reinigt), Schwarztee zum Spülen (gerbt), Frauenmantel, Mistel.
Homö: Berb (Sekrete), Merc (Stau, Eiterung), Sulf (Reifung).
Tip: Schröpfen (untere Rückenpartie), Taschenofen zur Dauererwärmung (dicht über der Blase tragen), tägliche Massagen.
Selbstgefertigtes Medi: Spülungen mit Eichenrindenabsud, Frauenmantel oder Kamille.

Bauchweh: vgl. Darmstörung

Küche: Zitronenwickel (bei Krämpfen), Kartoffelsaft (Übersäuerung, Magenentzündung).
Bad: Schafgarbenfußbad, Sauerkleehandbad.

Tee: Minze, Wegwarte (Verdauungsdrüsen), Kamille.
Homö: Carbo (Blähungen), eventuell Bell (Entzündung), Berb (Gallestörung).
Tip: Sanfte Organmassage, Taschenofen zur Dauererwärmung, Kupferlappen auf den Bauch, eventuell Fasten.
Selbstgefertigtes Medi: Johanniskraut in Olivenöl einlegen, bei Magenbrennen einnehmen.

BETTNÄSSEN
Küche: Zitronenwickel, Knoblauchwickel, Salzwickel auf Blase.
Bad: Johanniskrautfußbad, Schlehdornhandbad.
Tee: Wegwarte, Minze, nicht viel, aber konzentriert, Silbermantel.
Homö: Verat.
Tip: Blasenmassage, eventuell Schröpfen, über Nacht Dauermoxibution mit Taschenofen über der Blase.
Selbstgefertigtes Medi: Silberdistelwurzel potenzieren, IK6 bis IK12.

BLASENENTZÜNDUNG
Küche: Zwiebelwickel, Wolle, Wollstrümpfe, Wollsohlen.
Bad: Johanniskrautfußbad, Schachtelhalmfußbad, Schafgarbensitzbad.
Tee: Brennessel (reinigt), Zitronenmelisse (entspannt), Lindenblüten (Schwitzen), Silbermantel, Mistel (Mondorgan).
Homö: Berb, Sulf mit Merc (Reaktivierung und Entstauung), Apis mit Bell (entzündliche Schwellung).
Tip: Jede halbe Stunde trinken, Massage oder Schröpfen der unteren Rückenpartie, Kresse essen, warme Füße und Beine, Taschenofen über der Blase tragen.
Selbstgefertigtes Medi: Wärmesalbe aus Pfefferschoten zubereiten.

BLUTARMUT
Küche: Zitronenapéro, ziemlich konzentriert, zur Unterstützung der Magensäure, Meersalz, morgens eine Prise, eventuell innerliche Kur mit Lehm zur Anregung des Dünndarms, der für die Blutbildung wesentlich ist, morgens weiches Ei mit Salz (irdisch machen).
Bad: Johanniskrautfußbad, Wegerichhandbad.
Tee: Brennessel (blutbildend), Wegwarte (Verdauung), Frauenmantel (Mens).
Homö: Carbo (Blutatmung), Arn (Durchblutung).
Tip: Gut kauen, zum Essen wenig trinken, um die Magensäure nicht zu verdünnen, keine süßen Mahlzeiten morgens, Schröpfen zur Blutanregung, rote Bete.

Selbstgefertigtes Medi: Eisen abschleifen und potenzieren, Erdbeerblätter potenzieren, Tinktur aus der Wurzel des roten Enzians, drei- bis fünfmal fünf bis zehn Tropfen.

Blutdruck, hoher

Küche: Sehr salzarme Kost während eines Monats, Salzreduktion beibehalten, Zitronenwickel über Herz bei Krise, Nieren mit Zwiebel einmassieren oder auch Zwiebelwickel.
Bad: Lavendelhandbad (beruhigt), Schachtelhalmfußbad (Nierenausscheidung).
Tee: Zitronenmelisse (Nieren, Streß), Weißdorn (herzstärkend), Mistel, Kamille, Baldrian.
Homö: Arn bessert Zirkulation, Bell (Entspannung), Magn (Durchlichtung).
Tip: Kupferlappen über Nieren tragen, Organmassage, Nieren schröpfen, stündlich Pause einschalten und entspannen (sich mit Hilfe eines Weckers oder einer Schaltuhr daran erinnern lassen, dies während vierzig Tagen), Abmagern, Birkensaftkur, Fasten.

Blutdruck, tiefer

Küche: Salziges Frühstück (Salz zieht Wasser in die Gefäße und bessert so die Zirkulation), Knoblauch (energetisiert), Ei (macht erdenreif).
Bad: Rosmarinfußbad, Johanniskrauthandbad (abwechseln, ausprobieren).
Tee: Brennessel (Eisendynamik), Schwarztee (Nebennierenaktivierung).
Homö: Verat (dynamisierend).
Tip: Bewegung, Kreislauftraining.

Brustdrüsenentzündung

Küche: Zitrone auf Brustrisse träufeln (Desinfektion), Quarkumschläge.
Bad: Schafgarbenfußbad, Wiesengeißbarthandbad (oder auch lokal zur Entzündungshemmung und zum Vermeiden von Verklebungen).
Tee: Minze konzentriert, Wegwarte (Verdauung), Frauenmantel, Kamille.
Homö: Merc (Stau), Apis mit Bell (entzündliche Schwellung).
Tip: Fasten, Molke.
Selbstgefertigtes Medi: Eisen potenzieren.

Darmstörung

Küche: Zitronenwickel bei Krämpfen, zum Löschen des Brandes bei zu viel Magensäure. Versuche mit rohem Kartoffelsaft sind sinnvoll. Zur Anregung der Darmtätigkeit, zur Darmreinigung täglich einen Kaffee-

löffel Lehm, in Wasser aufgeschwemmt nüchtern einnehmen. Bei Durchfall Lehmpulver mit wenig Wasser, Schwarztee mit wenig Salz. Bei Verstopfung Lehm in einem ganzen Glas Wasser oder mit dem Tee zusammen. Bei nervösem Darm: Kartoffelbrei, ein wenig Quark als bestverträgliche Eiweißquelle. Bei Parasiten: Knoblauchkur oder auch rohe Zwiebeln.
Bad: Schafgarbenfußbad, Sauerkleehandbad.
Tee: Wegwarte, Löwenzahn, Brennessel, Zitronenmelisse bei Krämpfen, Schwarztee mit wenig Salz bei Durchfall, Minze bei Gallenkrämpfen, Kamille.
Homö: Cham, Carb (Blähungen), Berb (Gallestörung), Bell (Entzündung), Merc (Verstopfung), Sulf (Lebensmittelvergiftung, Verdauungsstörung, nach zuviel Essen und Alkohol).
Tip: Bauchmassage, zugehörige Rückenzone schröpfen, Holzkohle zur Entgiftung einnehmen (Gasresorption), bei Durchfall ein wenig Speisenatron (Backpulver) in Schwarztee.
Selbstgefertigtes Medi: Johanniskraut in Olivenöl ansetzen, bei Magenbrennen und Ulkusbeschwerden einnehmen, Goldumschlag, Blumenkissen ins Bett nehmen, auf den Bauch legen.

Depression

Küche: Zitronensaft bei Sonnenaufgang.
Bad: Johanniskrauthandbad, Lärchenfußbad.
Tee: Löwenzahn, Lindenblüten, Kamille.
Homö: Magn, Carb.
Tip: Unter dem freien Sternenhimmel übernachten, bei Sonnenaufgang aufstehen, Seidentuch um den Kopf, auch nachts, Goldumschlag auf das Herz, Taschenofen über die Leber.
Selbstgefertigtes Medi: Wurzelkissen.

Durchblutungsstörung

Küche: Zwiebelmassage bei Mangeldurchblutung, Salzwickel.
Bad: Wiesengeißbart (arteriell), Roßkastanie (venös), Rosmarinvollbad (Untertemperatur).
Tee: Weißdorn (Herz, Kreislauf), Brennessel (Blutreinigung), Lindenblüten (zum Schwitzen), Baldrian (Verspannungen), Mistel.
Homö: Arn (bessert Mikrodurchblutung, resorbiert Gewebeblutungen schnell), Carbo (Blut- und Zellatmung), Magn (löst Gefäßkrämpfe), Lach (eingeschlafene Hände und Beine, Wirbelsäulenstörungen).
Tip: Rückenpartie beidseits der Wirbelsäule massieren, eventuell schröpfen, fasten, Birkensaftkur,

Taschenofen zur Besserung der arteriellen Zirkulation.
Selbstgefertigtes Medi: Formica (Ameise) oder deren Säure potenzieren, Kur von IK6 bis IK30.

EITERUNGEN

Küche: Kohl auflegen, mit Zitrone beträufeln, Honig aufstreichen, mit Salzwasser auswaschen.
Bad: Schafgarbenhandbad, Schachtelhalmfußbad, lokal Wiesengeißbart, Wegerich.
Tee: Brennessel (Blutreinigung), Weißdorn (Durchblutung).
Homö: Merc, Apis mit Bell, Lach (Blutvergiftung), Arn.
Tip: Fasten, kein Zucker, Moxibution mit Kohlestab.
Selbstgefertigtes Medi: Muskatnuß IK6 (Ausleitung des Eiters).

EKZEM: VGL. ALLERGIE

Küche und Haushalt: Unentfettete frische Schafwolle auflegen, Versuche mit Quark, Lehm, Honig, Salzwasser, Knoblauch einreiben, Zitrone, individuell testen.
Bad: Schafgarbenfußbad (Stoffwechsel), Schachtelhalmhandbad (Hautstoffwechsel), Rosmarinvollbad, lokal Wegerich.
Tee: Brennessel (Blutreinigung), Löwenzahn (Leberreinigung), Wegwarte, Zitronenmelisse (bei Streß), Kamille, Frauenmantel (Mens), Mistel (Immunsystem).
Homö: Carb (Zellatmung), Apis (Schwellung), Bell (Entzündung), Sulf (Reaktivierung kann Erstverschlimmerung bewirken, Reinigung, Entgiftung), Magn (Entspannung), Cham.
Tip: Essigwaschungen (verdünnt), Essig ins Bad, eventuell Fasten, Molkenkur, Moxibution.
Selbstgefertigtes Medi: Ameise oder deren Sekret potenzieren, Kur mit steigenden Potenzen, Eichenrinden-, Birkenrinden-, Malven-, Schachtelhalm-, Bingelkraut-, Ringelblumensalbe oder -öl, Hautheilpflanzen kurz ausprobieren!

ENTZÜNDUNG

Küche: Zitrone (Desinfektion), Zwiebel (entzündliche Schwellung), Knoblauch (Pilze und parasitische Entzündungen), Kohl (eitrige Entzündung), Quark (Drüsenentzündungen), Lehm (nässende Entzündungen, Gelenke, Haut), Kartoffelsaft (Darmentzündung), Honig (Wunden erst mit Salzwasser auswaschen, dann mit Zitrone beträufeln, zuletzt Honig darüberstreichen), Salz (entzündliche Ergüsse).
Bad: Schafgarbenfußbad (Leberentzündung), Schachtelhalmfußbad (Nieren-, Blasenentzündung), Thymianhandbad (entzündete Lunge), lokal Wiesengeißbart

(entzündungshemmend), Wegerich (Schleimhaut, offene Haut, Insektenstichentzündungen), Johanniskraut (Sonnenbrand, Verbrennung).
Tee: Brennessel (Blutreinigung, Herz, Kreislauf), Weißdorn (Herz), Wegwarte (Milz, Pankreas, Darm), Löwenzahn (Leber), Minze (Galle), Lindenblüten (Lunge), Zitronenmelisse (Nieren), Kamille (Magen), Frauenmantel (Gebärmutter, Blase).
Homö: Arn (Wunden, Herz, Rücken, Hirn, Nerven), Bell (allgemein für Augen), Apis (entzündliche Schwellung), Acon (erkältungsbedingte Entzündung), Berb (Entzündung von Galle, Leber, Niere, Blase, Nase), Cham (Magen-Darm-Entzündung), Lach (Drüsen-, Rücken-, Augenentzündung), Merc (Entzündung durch Abkapselung und Stau, Lymphe), Sulf (zur Reifung von Entzündungen und Eiterungen, bei Verdauungsstörungen und Vergiftungen, Überessen und Alkohol).
Tip: Fasten, kein Zucker, genug trinken, Moxibution, Dauererwärmung mit Taschenofen.
Selbstgefertigtes Medi: Weidenrindenabsud als Umschlag.

Erschöpfung
Küche: Quark (bestverträgliches Eiweiß), Ei (Aufbaunahrung), Salz (steigert Blutdruck, macht konzentrationsfähig), Knoblauch (energetisiert), Zitrone (antidepressive Sonnenkraft).
Bad: Schlehdornhandbad, Johanniskrautfußbad, Lärche, Rosmarin (Licht- und Wärmetherapie).
Tee: Weißdorn (stärkt Herz), Brennessel (dynamisierend, Eisenstoffwechsel), Zitronenmelisse (stärkt Nieren, nach Streß), Schwarztee mit wenig Salz (kurzfristiges Aufputschen), Mistel (Immunsystem stärkend).
Homö: Magn (leberaufbauend, antidepressiv, entspannt, stärkt den Lichtstoffwechsel), Carb (bessert die Atmung), Arn (durchsonnt, durchblutet), Verat (zur kurzfristigen Energetisierung).
Tip: Kupferlappen nachts auf die Nieren, Organmassagen täglich, Seide tragen, Dauermoxibution mit Taschenofen, Wurzelnahrung.
Selbstgefertigtes Medi: Eisen potenzieren, Wurzelkissen.

Fieber
Küche: Zitronenbad, Zitronenwaschungen unter der Bettdecke, Zwiebelwickel über die erkrankten Drüsen, Organe (vgl. Entzündung), Salz einnehmen bei Fieberkrämpfen.
Bad: Thymianhandbad (Lunge, Atmungswege), Schachtelhalm-

fußbad (Nieren), Schafgarbenfußbad (Leber), Rosmarinvollbad (zur Erwärmung).
Tee: Lindenblütentee (zum Schwitzen, mit Zitrone und Honig).
Homö: Acon (direkt nach Erkältung, bei Schüttelfrost, Fieberblasen), Bell (Fieberwahn und Krämpfe), Lach (bei septischem Fieber, Blutvergiftung), Cham (beruhigt Kinder), Sulf (zur Anregung des heilenden Fiebers).
Tip: Schröpfen zur Anregung des Stoffwechsels, Fieberregulierung durch kurze, kalte Fußbäder und Zitronen-, eventuell Essigwaschungen, Fieberblasen mit Zitrone, Johanniskraut, Wegerich, eventuell mit Lehm behandeln, Essigwaschungen, falls Zitrone nicht vorhanden, Fasten, Dauererwärmung mit Taschenofen (um das Fieber unnötig zu machen).
Selbstgefertigtes Medi: Weidenrindentinktur (fünfmal zehn bis zwanzig Tropfen).

Fusspilz: vgl. Parasiten

Küche: Knoblauch zwischen Zehen, Lehm, Zitrone, unentfettete Wolle zwischen den Zehen.
Bad: Schachtelhalm, Thymian.
Tee: Brennesselteekur, Mistel.
Homö: Sulf (zur Reifung), Merc (Verhinderung von Abkapselungen), Magn (Lichtkomponente, stärkt Lebensleib), Berb (Säuredynamik).
Tip: Für gute Durchlüftung in den Schuhen sorgen, Farnkissen, Moxibution mit Kohlestab.
Selbstgefertigtes Medi: Weidenrindensalbe, Wolfsmilchsalbe, Rizinusöl.

Gallenstörungen

Küche: Zitronenwickel bei Krämpfen, Salzumschlag bei Schwellung, Kartoffelsaft oder -stock nach individueller Verträglichkeit, eventuell Quark- oder Kohlwickel.
Bad: Schafgarbenfußbad, Schlehdornhandbad, lokal Sauerklee.
Tee: Minze (Krämpfe), Wegwarte (Bittermittel), Kamille.
Homö: Berb (Entzündung, Steinbildung), Merc (Stau), Magn (Krämpfe), Apis mit Bell (fiebrige Entzündung), Lach (Sepsis).
Tip: Organmassagen täglich, zur Vorbeugung nüchtern ein Löffelchen Olivenöl, Fasten, Dauererwärmung mit Taschenofen.
Selbstgefertigtes Medi: Johanniskraut in Olivenöl ansetzen, zum Einnehmen, Meerrettichextrakt (Saft, Kaltwasserauszug).

Gebärmutterstörungen

Küche: Kohlwickel (Stoffwechselbesserung), Lehmwickel (Eileiterentzündung), Zitrone (Krämpfe).

Bad: Schafgarbenfußbad (Stoffwechselentlastung), Rosmarinvollbad (Durchwärmung), lokal Lavendel (Beruhigung), Johanniskraut (Tonisierung).
Tee: Zitronenmelisse (Entspannung), Weißdorn (Ernährung), Frauenmantel.
Homö: Berb (Krämpfe), Apis mit Bell (entzündliche Schwellung), Cham (Beruhigung), Merc (Stau).
Tip: Wollene Unterkleider und Strümpfe, Wollsohlen, Organmassage täglich, Schröpfen (nicht in der Schwangerschaft, zur Stoffwechselanregung und Mensauslösung, nicht den Bauch, sondern die Kreuzbeinregion schröpfen, auch bei Krämpfen versuchen), Goldumschlag Taschenofen über der Gebärmutter.
Selbstgefertigtes Medi: Kupfersalbe.

GELENKSTÖRUNGEN: VGL. RHEUMA
Küche: Salzpappe aufstreichen bei Ergüssen, Lehmwickel (Entzündung), Zwiebelwickel (Rheuma).
Bad: Lokal Schachtelhalm (Bänder, Erguß), Wiesengeißbart (Entzündung), Roßkastanie (venöser Stau).
Tee: Brennessel (Blutreinigung, Rheuma), Löwenzahn, Wegwarte.
Homö: Arn (Durchblutung, Verletzung), Merc (Erguß, Stau), Bell (Entzündung), Sulf (Anregung des Stoffwechsels), Berb (Gicht).
Tip: Frischer Bienenstich bei altem Rheuma lindert das Leiden, Eisentherapie, Cantharidenreizpflaster, Schröpfen, mit frischer Brennessel abklatschen, Dauererwärmung mit Taschenofen, Moxibution.
Selbstgefertigtes Medi: Pfefferschotensalbe (wärmt), Farnkissen, Roßkastanienkissen ins Bett.

GESCHWÜLSTE
Tip: Organspezifische Behandlung mit Haushaltsheilmittel, Heiltees, Hand- und Fußbädern sowie Homöopathika. Die wichtigste Maßnahme ist die lokale Dauererwärmung mit dem Taschenofen. Bei krebsigen Geschwülsten Mistelinjektionen durch ausgebildete Personen, künstlerische Therapien. Gewohnheiten ändern, Neues lernen.

GEWOHNHEITEN
Tip: Mit Wecker oder Schaltuhr sich zu jedem Stundenschlag daran erinnern lassen, für kurze Zeit innere Ruhe anzustreben. Dies während ungefähr vierzig Tagen.

GRIPPE: VGL. FIEBER

Gürtelrose: vgl. Entzündung
Küche: Zitronenwaschungen (Schmerz, Desinfektion), Quarkwickel, Kohlwickel, Lehm (als Puder verwendet, mit Minzenblättern zusammen vermörsert).
Bad: Johanniskrauthandbad, Schachtelhalmfußbad, lokal Johanniskraut, Lavendel, Wegerich (ausprobieren).
Tee: Lindenblütentee (lindert), Wegwarte (Darm), Löwenzahn (Leber), Brennessel (Blut) zur Stoffwechselentlastung, Mistel (Immunstimulation).
Homö: Acon (Hauptmittel, Blasen), Arn (Nerven, Durchblutung), Magn (Schmerz), Cham (zur Entspannung), Merc (Stauerscheinungen).
Tip: Goldumschlag, Fasten.
Selbstgefertigtes Medi: Johannisöl ansetzen, zum Einstreichen.

Hämorrhoiden
Küche: Knoblauchzehe als Zäpfchen.
Bad: Roßkastaniensitzbad, Schafgarbenfußbad, Schachtelhalm, Wegerich.
Tee: Löwenzahn (Verstopfung, Leber), Wegwarte (Darmentzündung, Milz, Pfortader).
Homö: Versuche mit Sulf, Berb, Lach.
Tip: Rücken massieren, eventuell Schröpfen, Verstopfung behandeln, gut ausatmen und entspannen, wenig sitzen.
Selbstgefertigtes Medi: Ringelblumensalbe, Mäusedornsalbe, Kissen mit Roßkastanien, Zäpfchen mit Antimonit IK3.

Hautleiden: vgl. Ekzem
Tip: Zitrone oder Essig und etwas Öl ins Bad, Wärmetherapie mit Taschenofen.

Herpes: vgl. Gürtelrose

Herzstörungen: vgl. Blutdruck, Nierenstörungen
Küche: Zitronenwickel bei Krämpfen in der Gegend.
Bad: Lavendelhandbad (beruhigt), Johanniskrauthandbad (anregend), Wiesengeißbarthandbad (Entzündung).
Tee: Brennessel (blutreinigend), Weißdorn (herzernährend), Zitronenmelisse (entstressend), Mistel (Bluthochdruck), Kamille (beruhigt).
Homö: Arn (Durchblutung), Lach (septische Entzündung), Bell (bei erhöhtem Blutdruck), Verat (bei zu tiefem Blutdruck).
Tip: Bei Verkrampfung mit Kirsch oder auch Branntwein einreiben, Arnikaumschlag zur Ersten Hilfe, Goldumschlag, eventuell Fasten, Taschenofen auf das Herz.

Selbstgefertigtes Medi: Holzasche (Birke) potenzieren (bei Herzerschöpfung).

HEUSCHNUPFEN: VGL. ALLERGIE, SCHNUPFEN

HEXENSCHUSS: VGL. RÜCKENPROBLEME

HIRNERSCHÜTTERUNG

Homö: Apis (Hirnstoffwechsel, Hirnschwellung), Bell (Entzündung, Epilepsie, Ohnmacht), Arn (verbessert Zirkulation, wichtigstes Unfallmittel), Lach (Lähmungen, Wirbelsäulentrauma).
Tip: Wurzelkissen, Wärmetherapie (falls erträglich).

HUSTEN

Küche: Zwiebelwickel (schleimiger Stau), Zitronenwickel (Krampfhusten), Quarkumschlag, Wollunterwäsche.
Bad: Thymianhandbad (Verbrennung der Schleime), Schachtelhalmfußbad (Kieselprozeß, Klärung), Lärchenhandbad (Durchlichtung), Schlehdornfußbad (krampflösend, asthmoide Nierenleiden), Wegerichfußbad (Schleimhautstoffwechsel), Rosmarinvollbad (Erwärmung).
Tee: Lindenblüten (Schwitzen, Atmung), Zitronenmelisse (Krampfhusten, asthmoide Nierenleiden, Streß), Löwenzahn (Darmreinigung, Husten bei Verstopfung), Brennessel (Blutreinigung, Allergie, Eisenmangel).
Homö: Acon (Erkältung, Schüttelfrost, Krupp), Merc mit Sulf (verhockter Husten), Cham (Reizhusten, Kinder), Bell (Krampfhusten, Keuchhusten).
Tip: Bei allen Krampfhusten, bei Keuchhusten und asthmaähnlichen Zuständen die Nieren schröpfen (Staubsaugertrick) und Kupferlappen über die Nieren sowie tägliche Organmassage (Nieren und Lungen), Lungen auch ausklopfen, mit Einläufen Darm reinigen, besonders auch bei Allergien, eventuell Fasten, Taschenofen auf Lungen.
Selbstgefertigtes Medi: Bienenwachsumschlag, Pyrit IK6 bis IK12.

IMPFUNGEN (DANACH)

Küche: Zitrone auf Impfstelle, Zwiebelwickel, Kohlblatt.
Bad: Schafgarbenfußbad, Schachtelhalmhandbad, Rosmarinvollbad (Wärmeorganismus).
Tee: Wegwarte (Milzsystem), Löwenzahn (Lebersystem), Brennessel (Blutsystem), Mistel.
Homö: Sulf zusammen mit Merc (Lymphentgiftung).
Tip: Eine Woche danach Rücken entlang Wirbelsäule schröpfen

(Staubsaugertrick), Impfungen auf ein absolutes Minimum beschränken. Jedes Impfen bedeutet, daß Lebenskräfte für eine unterschwellig eingepflanzte Krankheit absorbiert werden, die eigentlich für die normale Organentwicklung gebraucht würden. Für das Wachstum notwendige Ätherkräfte werden abgezweigt! Impfschäden machen sich während des Wachstums und bei Lebensende (verkürzt um die zusammengezählte Impfwirkungsdauer) bemerkbar, das heißt, wenn die Lebenskräfte ausgehen.
Selbstgefertigtes Medi: Thuja potenzieren, IK6 bis IK12.

Insektenstich
Küche: Zwiebel (Schwellung, Entgiftung), Zitrone (Desinfektion).
Bad: Schachtelhalmfußbad, Wegerichhandbad.
Tee: Wegwartentee.
Homö: Apis (bei allen hitzigen Insektenstichen mit Schwellungen), alle zwei Minuten fünfmal hintereinander wiederholen, dann spärlicher, Lach (Blutvergiftung, Schlangen- oder andere Bisse, Lähmungen), Carbo (Atemstörungen), Merc (Ödeme, Schleimhäute), Sulf (nicht im akuten Fall, aber später zur Entgiftung).
Tip: Frisches, zerkautes Wegerichblatt auflegen.
Selbstgefertigtes Medi: Insekt potenzieren bis IK6, am Anfang fleißig einnehmen (alle fünf Minuten viermal hintereinander, dann spärlicher).

Ischias: vgl. Rückenprobleme

Juckreiz
Bad: Essig in Vollbad.
Tee: Brennessel (Blutreinigung), Löwenzahn (Leberstoffwechsel), Wegwarte (Verdauungssäfte), Zitronenmelisse (entstressend).
Homö: Berb (Galle, Ausscheidungen), Apis (Allergie), Lach (Streß, Häutung).
Tip: Leber, Galle behandeln, Bewegung kann abhelfen, Schröpfen.
Selbstgefertigtes Medi: Allergen oder allergisierende Substanz potenzieren.

Keuchhusten: vgl. Husten, Krämpfe

Knochenbrüche
Küche: Zwiebelwickel (Anregung der Knochenbildung), Kohl (Knocheneiterungen).
Bad: Schachtelhalmfußbad, Wegerichhandbad, Roßkastanie (lokal).
Homö: Arn, Lach (Wirbelsäule), Magn (Schmerz).
Tip: Goldumschlag, Taschenofen über Bruchstelle (wenn angenehm).

Selbstgefertigtes Medi: Beinwellsalbe (Symphytum officinale), Roßkastanienkissen.

Kopfschmerz

Küche: Zitrone auf Stirn (Krämpfe), Zwiebelwickel auf Stirn und Nebenhöhlen (Erkältung), Seide oder Wolle (Durchlichtung, Erwärmung), eine Prise Salz bessert die Blutzirkulation.
Bad: Schachtelhalmfußbad, Lärchenhandbad, lokaler Umschlag auf Stirn mit: Lavendel (beruhigt, Schlaf), Wiesengeißbart (Entzündung), Wegerich (Schleimhäute).
Homö: Magn (Schmerz, Entspannung), Bell (Hitze, Sonnenstich, Entzündung), Apis (Hirn- und allgemeine Schwellung, Hirnerschütterung), Lach (Augen, Halswirbelsäule und Rückenverspannungen, Lähmungen mit im Spiel), Merc (Stau), Arn (bessert Durchblutung), Berb (Gallenkopfweh, Schnupfen), Acon (Neuralgie, akute Erkältung), Cham (Schlaf).
Tee: Brennessel (Blutreinigung), Minze (Galle), Löwenzahnwurzel (Leber), Wegwartenwurzel (Därme, Verdauungssäfte), Zitronenmelisse (Nieren, Streß), Lindenblüten mit Honig und Zitrone (Erkältung), Frauenmantel (Mens).
Tip: Nieren schröpfen, Senfwickel auf Nieren, Niespulver, auf Pfefferschoten beißen, Einlauf (bessert den Stoffwechsel), Bauchmassage, Dunkelheit, Ruhe, Schlaf, Hautkontakt, Nähe, Liebe, eventuell Fasten, Taschenofen über dem Scheitel unter einer Mütze tragen (Kältekopfweh).
Selbstgefertigtes Medi: Bei chronischem Kopfweh und Migräne Lötzinn in Mütze oder Schlafmütze einflechten, Pyrit und Bergkristall zusammen vermörsern und potenzieren, Kur mit steigenden Potenzen, Wurzelkissen ins Bett.

Krämpfe: vgl. Nierenstörungen

Küche: Zitronenwickel.
Bad: Rosmarinvollbad.
Tee: Minze (Gallenkrämpfe), Zitronenmelisse (Nieren), Weißdorn (Herz, Kreislauf), Lindenblüten (Lunge), Frauenmantel (Mens, Blase).
Homö: Magn (allgemein), Bell (Krämpfe mit Entzündung, Epilepsie), Arn (traumatische Krämpfe, Nachbehandlung aller Krämpfe, bessert Sauerstoffversorgung), Berb (Galle- und Nierenkrämpfe), Cham (Magen-Darm-Krämpfe).
Tip: Nierenschröpfen (Staubsaugertrick), Kupferlappen

(lokal oder über Nieren), Farnkissen, Taschenofen, eventuell beidseitig über den Nieren tragen.

Krampfadern

Küche: Zitrone (Krämpfe), Salzwickel (Schmerz), Honig (Entzündung), Lehm (Stau).
Bad: Roßkastanien (Venen), Wiesengeißbart (Arterien), Schlehdorn (Stärkung), Sauerklee (Entspannung), Schafgarbe (Stoffwechsel, Leber), Schachtelhalm (Brüchigkeit, Stauerscheinungen), Wegerich (Haut, Schleimhautentzündung).
Tee: Löwenzahn (Leber), Wegwarte (Darm), Brennessel (Blutreinigung).
Homö: Arn (Blutungen, Beulen, resorbiert Hämatome), Apis mit Bell (entzündliche Schwellung), Merc (Stau, Lymphödeme), Lach (septische Entzündungen mit Zerfallserscheinungen, Gangrän), Carb (venöse Blutatmung).
Tip: Sanfte tägliche Massagen, Kreuzmassagen, Farnkissen, Kissen mit Roßkastanien ins Bett, Fasten, Organentlastungen.
Selbstgefertigtes Medi: Borretschöl ansetzen (zum Einreiben), Salbe mit Ruta graveolens.

Krupp

Küche: Zitrone lutschen, Zwiebelwickel, Honig, Salz zu sich nehmen.
Bad: Heißes Thymianhandbad, Schachtelhalmfußbad.
Tee: Lindenblüten mit Honig.
Homö: Acon (Erkältung) zusammen mit Apis (Schwellung), Merc (Stau), während Krisen viertelstündlich abwechseln, dann spärlicher.
Tip: Nieren schröpfen, für hohe Luftfeuchtigkeit und Wärme sorgen, eventuell in der Dusche heißen Dampf inhalieren, Kalium jodatum D6, Taschenofen im Halstuch tragen oder Moxibution mit Glut.
Selbstgefertigtes Medi: Meerschwamm rösten und potenzieren IK6, Efeu IK6, Brunnenkresse IK6, Alge IK6.

Lähmungen

Küche: Salzwickel über Halswirbelsäule (eingeschlafene Arme) oder über Lendenwirbelsäule (eingeschlafene Füße), zur reaktiven Durchblutungsbesserung.
Bad: Johanniskrauthand- oder -fußbad (Nerven), Wegerich (Muskeln), Schachtelhalm (Rücken, Nerven).
Tee: Brennessel (blutreinigend), Wegwartenwurzeltee, Löwenzahnwurzeltee, Baldrian.
Homö: Lach (Hauptmittel), Arn (Durchblutung), Acon (Neuralgie, Erkältung), Apis (lähmende Schwellungen, Nervensystem).

Tip: Tägliche Organ- und Wirbelsäulenmassagen, eventuell Schröpfen, eventuell Fasten, Taschenofen (wenn angenehm).
Selbstgefertigtes Medi: Johannisöl ansetzen, auch Primula und Wegerich zum Massieren, Wurzelkissen.

Leberstörungen

Küche: Quarkwickel, Honigwickel, Zitronenapéro je nach Verträglichkeit.
Bad: Schafgarbenfußbad, Schlehdornhandbad, lokal Schafgarbenumschlag.
Tee: Löwenzahn (Gelbsucht, leberreinigend), Wegwarte.
Homö: Berb (Gelbsucht), Merc (Gallenrückstau, Gelbsucht, Lymphe), Magn (Lichtstoffwechsel in der Leber, Leberaufbau).
Tip: Wärme, Molke trinken, Reis, Apfelkur, Traubenkur, Taschenofen, eventuell Fasten.
Selbstgefertigtes Medi: Chelidonium IK6 (Schöllkraut).

Lungenleiden: vgl. Husten, Erkältung

Selbstgefertigtes Medi: Tannennadelsirup oder -tinktur (warum nicht vom Weihnachtsbaum?), Efeu IK6 bis IK12, Stechpalme IK6 bis IK12 oder auch als Tee (lange kochen, ohne Beeren).

Lymphe und Lymphdrüsen

Küche: Zwiebeleinreibungen (Aktivierung, Entgiftung), bei Lymphödemen Salzpappe aufstreichen (entzieht Wasser), Lehmwickel Gelenke), Quarkwickel (Bruststau).
Bad: Schachtelhalmfußbad (Nieren), Wiesengeißbarthandbad (Zirkulation).
Tee: Brennessel (beseitigt Ablagerungen), Lindenblüten (Entlastung durch Schwitzen), Löwenzahn (Leberlymphe), Wegwarte (Darm, Milzsystem, Allergie), Mistel (Immunstimulation).
Homö: Merc (Hauptmittel bei Stau), Lach (Entzündungen, Sepsis).
Tip: Nierenlogen schröpfen, tägliche sanfte Organmassagen, Lymphmassage, Taschenofen.
Selbstgefertigtes Medi: Archangelica (Erzengelwurz) IK6, Brunnenkresse IK6, Meerschwamm IK6.

Magen- vgl. Darmstörung

Tip: Taschenofen.

Mandelentzündung: vgl. Lymphe

Küche: Zwiebelwickel
Selbstgefertigtes Medi: Archangelica-Salbe äußerlich, Propolis-Tinktur.

Masern: vgl. Entzündung, Fieber, Husten, Lymphe

Homö: Apis mit Bell (Entzündung, Schwellung, Hirnreizung).

Tip: Ruhe, Dunkelheit, keine Nervenreizungen, entlang der Wirbelsäule schröpfen, Ausschläge fördern (mit Quarkwickel, Zitronenwasser, Taschenofen), denn so kann vermieden werden, daß die Krankheit auf Hirn und Nervensystem übergreift; auch nach Impfungen und wenn das Kind nicht genügend fiebern kann, angezeigt.
Selbstgefertigtes Medi: Spitzwegerichsirup, Echinacea IK6.

Menstruationsstörungen: vgl. Gebärmutterstörungen

Küche: Kohlblatt (Stoffwechselstimulation), Zitrone (Krämpfe).
Bad: Schafgarbenfußbad (Schleimhautstoffwechsel, Entspannung), Johanniskrauthandbad, Rosmarinvollbad (Durchwärmung).
Tee: Frauenmantel, Wegwarte, Brennessel als konzentrierter Tee zur Mensauslösung, Zitronenmelisse, Weißdorn, Lindenblüten zur Mensberuhigung, nicht zu konzentriert.
Homö: Berb (Krämpfe, Entzündungen, Myome), Magn, Cham (beide zur Entspannung), Verat (Kollaps, Schwäche, zur Dynamisierung).
Tip: Menstruationsauslösung durch Schröpfen der Kreuzbeingegend, Harmonisierung durch Goldumschlag, Organmassagen, Taschenofen über der Gebärmutter.
Selbstgefertigtes Medi: Rote Koralle IK6, Tormentilla IK6, beide zur Blutstillung, Blumenkissen auf dem Bauch.

Migräne: vgl. Kopfweh

Mumps

Küche: Zwiebelwickel (Speicheldrüsen, Kieferwinkel), Kohlblatt oder Quark (Bauchspeicheldrüse, Magengrübchen).
Bad: Schafgarbenfußbad, Schachtelhalmhandbad, Rosmarinvollbad.
Tee: Wegwarte, Kamille.
Homö: Merc (Drüsenstau), Apis mit Bell (entzündliche Schwellung von Speichel- und Bauchspeicheldrüsen), mit Lach abwechseln.
Tip: Wärme, Moxibution, Taschenofen über Mund- und Bauchspeicheldrüse.

Muskelstörungen

Bad: Wegerich (Muskelstoffwechsel).
Homö: Arn (Durchblutung, Kater), Magn (Entspannung).
Selbstgefertigtes Medi: Primel und Wegerich als Massageöl und als Homöopathikum.

NASENPROBLEME:
VGL. SCHNUPFEN, ALLERGIE
Tip: Chinesische Nasenmassage, Moxibution.

NEBENHÖHLENENTZÜNDUNG
Küche: Zwiebelwickel (löst Schleime), Salzwasser schnüffeln (nicht zu konzentriert - reinigt, entschwellt).
Bad: Thymianhandbad, Schachtelhalmfußbad, Wegerich (lokal zur Schleimhautpflege).
Tee: Lindenblüten, Löwenzahn (leberreinigend), Wegwarte (Darm, Drüsen), Brennessel (Ablagerungen, zur Blutreinigung).
Homö: Merc (Verhinderung von abgekapselten Eiterungen), Sulf (wenn verhockt, zur Reaktivierung zusammen mit Merc einnehmen), Berb (Schnupfen).
Tip: Täglich wiederholte Nasen- und Nebenhöhlenmassagen, Inhalieren, Fasten, Moxibution, Taschenofen lokal.
Selbstgefertigtes Medi: Meerrettichsalbe, Pfefferschotensalbe.

NERVENSCHWÄCHEN:
VGL. ERSCHÖPFUNG, LÄHMUNG
Tee: Baldrian.
Selbstgefertigtes Medi: Johannisöl zum Massieren, Wurzelkissen zum Schlafen, Ölbäder.

NIERENSTÖRUNGEN
Küche: Zwiebelwickel (Entzündungen, Stau, Stoffwechselförderung).
Bad: Schachtelhalmfußbad, Wiesengeißbarthandbad, Rosmarinvollbad.
Tee: Zitronenmelisse (Entspannung, Erschöpfung), Brennessel (Blut, Nierenreinigung, Steinleiden), Löwenzahn.
Homö: Apis mit Bell (Entzündung, Schwellung), Lach (Urogenitalsystem, Hormondrüsen, schwere Entzündungen), Berb (Steinleiden, Gicht), Merc (Stau), Sulf (zur Reaktivierung bei verhockten Prozessen).
Tip: Tägliche Organmassagen, Nierenlogen schröpfen, Kupferlappen über Nieren tragen, Nierengürtel. Alle krampfartigen Erscheinungen wie Migräne, Asthma, Keuchhusten, Herzkrämpfe, Magen-Darm-Gallen-Krämpfe, Mens- und Muskelkrämpfe deuten auf eine Nieren- und Nebennierenerschöpfung hin, so daß die Nieren immer mitbehandelt werden müssen, das heißt, tägliche Massagen, Wärme und den Stoffwechsel verbessernde Maßnahmen. Taschenofen; heißer, mit Tüchern umwickelter Kieselstein oder Ziegel.
Selbstgefertigtes Medi: Birkenelixier, Birkenkohle IK6 bis IK30

in steigenden Potenzen, Blumenkissen ins Bett.

Ohrenerkrankungen

Küche: Zitronen- und Knoblauchsaft ins Ohr träufeln (Desinfektion, Eiterungen, bei Schmerzen). Bei Kindern kontrolliere man die Verträglichkeit, indem man sich den Saft zuerst selbst ins Ohr träufelt. Zwiebelwickel.
Bad: Schachtelhalmfußbad, Wegerichhandbad.
Tee: Lindenblüten, Zitronenmelisse (beruhigt).
Homö: Acon (akute, schmerzhafte Entzündung), Merc (eitriger Stau), Berb (mit Schnupfen zusammen), Magn (Nervenreizungen).
Tip: Massage des Ohrs und um das Ohr herum, Nieren schröpfen, Fasten, Ohr auf Taschenofen legen.
Selbstgefertigtes Medi: Pfefferschotensalbe hinter das Ohr bei chronischen Entzündungen, Maggiwurzel in Olivenöl ansetzen und ins Ohr träufeln bei Mittelohrentzündung.

Parasiten, Pilze

Küche: Knoblaucheinreibungen, Knoblauchkur innerlich, Zitronenumschläge, unentfettete Wolle, Lehmwickel, Honigauflagen.
Bad: Schachtelhalmfußbad, Thymianhandbad, Lavendelvollbad.
Tee: Brennessel (Blutreinigung, Abwehrstärkung), Wegwarte (Darm), Mistel (Immunstimulation).
Homö: Berb, Merc mit Sulf (zur Verhinderung von Abkapselungen und zur Stoffwechselanregung).
Tip: Gewebemassagen, Schröpfen, abrupte Diätwechsel zur Veränderung der Darmflora, Moxibution, Taschenofen zur lokalen Erwärmung.
Selbstgefertigtes Medi: Parasiten potenzieren, IK6 bis IK30.

Prostataleiden

Küche: Zwiebel oder Kohlwickel, Knoblauchzäpfchen.
Bad: Schachtelhalmfußbad, Roßkastanie, Schafgarbe als Umschlag.
Tee: Wegwarte, Brennessel, Frauenmantel.
Homö: Merc zusammen mit Sulf, Apis mit Bell, Berb (abwechseln).
Tip: Kreuzgegend schröpfen, Goldumschlag oder Kupferlappen über dem Unterbauch, Taschenofen über dem Schambein in Hosen stecken.
Selbstgefertigtes Medi: Kürbis potenzieren, Kur mit steigenden Potenzen.

Psoriasis: vgl. Ekzem

Küche: Kohlauflagen, Versuche mit Honig oder Salzwickel.

Bad: Schachtelhalmfußbad, Wegerichhandbad, Wiesengeißbart (lokal zur Schuppenauflösung).
Tee: Löwenzahn, Wegwarte, Brennessel.
Homö: Berb (Galle), gelegentlich Reaktivierung mit Sulf, Lach (Häutung).
Tip: Leberdiät, zum Beispiel Apfelscheiben- oder Traubenkur, Molke trinken, aufpassen mit Fett, Öl und Salz. Zitrone oder Essig ins Bad, Fasten.
Selbstgefertigtes Medi: Meersalzkur mit steigenden Potenzen, IK6 bis IK30.

RHEUMA: VGL. ENTZÜNDUNG, GELENKSTÖRUNGEN, KNOCHEN, MUSKELN

Küche: Zwiebelwickel, Kohlwickel, Kartoffelfango (Wickel mit einer Packung von zerstoßenen geschwellten Kartoffeln, entzündungshemmendes Nachtschattengewächs), Wolle, Salzwickel bei Schmerz.
Bad: Schachtelhalmfußbad, Roßkastanienhandbad, Rosmarinvollbad (Durchwärmung).
Tee: Brennessel (Ablagerungen, Blutreinigung), Löwenzahn (Leber), Wegwarte (Darm, Verdauungsdrüsen).
Homö: Arn (Durchblutung, Magn (Verspannung, Schmerz), Berb (Gicht, Harnsäureablagerungen), Lach (Rückenverspannungen), Apis (Schwellungen, zur Durchwärmung), Sulf (Reaktivierung).
Tip: Tägliche Organmassagen, Schröpfen (Staubsaugertrick), Kupferlappen, Goldumschlag bei Polyarthritis, Eisentherapie, Birkensaftkur, Moxibution, Taschenofen.
Selbstgefertigtes Medi: Alle Arten von Eisenmineralien abschleifen und potenzieren: Pyrit, Hämatit, Siderit, Meteorit, Kur von IK6 bis IK30, Ameisensäure (Ameise) potenzieren, IK6 bis IK30 (zur Auflösung von Ablagerungen), Farnkissen, Roßkastanienkissen ins Bett.

RÜCKENPROBLEME: VGL. RHEUMA

Küche: Zwiebelwickel (Knochenregeneration, nach Wirbelsäulenverletzung), Lehmwickel (warm, für Gelenke), Kartoffelfango, Salzwickel (abschwellend).
Bad: Schachtelhalmfußbad, Johanniskrauthandbad, Rosmarinvollbad.
Tee: Brennessel, Löwenzahnwurzel, Wegwarte.
Homö: Lach (Hauptmittel bei allen Wirbelsäulenleiden mit Muskelverspannungen), Arn (Durchblutung), Apis mit Belladonna (entzündliche

Schwellung), Magn (Erschöpfung, Schmerz).
Tip: Goldumschlag (Sonnen- und Aufrichteimpuls), tägliche Massagen mit kaltgepreßtem Olivenöl, Schröpfen, Taschenofen lokal.
Selbstgefertigtes Medi: Rosmarinöl zur täglichen Massage, Pfefferschotensalbe oder Öl (Hitzesalbe), Farnkissen, Roßkastanienkissen zum Schlafen.

Scharlach: vgl. Entzündung, Fieber
Küche: Zwiebelwickel (Kieferwinkel), Honig auf Mandeln streichen, Zitronenscheibe lutschen.
Bad: Schachtelhalmfußbad (Nierenunterstützung), Schlehdornhandbad, Rosmarinvollbad.
Tee: Brennessel (Blutreinigung), Weißdorn (Herzunterstützung), Kamille.
Homö: Arn (Herz, Kreislauf), Lach (Drüsen, Häutung, Nieren).
Tip: Die Krankheit braucht Zeit, da Vererbtes abgelegt und der Wärmeorganismus neu durchgestaltet werden muß. Taschenofen.
Selbstgefertigtes Medi: Birkenasche potenzieren, IK6 bis IK30.

Schlafstörung
Küche: Waschlappen mit etwas Zitrone auf die Stirn legen, um störende Gedanken loszuwerden und einschlafen zu können, Honig vor dem Einschlafen, Wolltuch, eventuell Seidentuch um den Kopf hüllen und so für Dunkelheit und Wärme sorgen. Das Bett soll eher zu warm als zu kalt sein.
Bad: Lavendelfußbad, Schlehdornhandbad (um Kraft zum Einschlafen zu haben), lokal Lärchenumschlag auf die Stirn (löst Gedanken), Schafgarbenumschlag auf Leber (nach zuviel Essen und Trinken und bei Leberstörungen).
Tee: Baldrian, Lindenblütentee mit Honig (wärmt, lindert), Zitronenmelissentee (Nierenerschöpfung, Streß), Weißdorntee (Herzerschöpfung).
Homö: Cham (Kinder, beruhigt, entspannt), Sulf (löst Seele und Geist).
Tip: Abends keine dynamische Nahrung zu sich nehmen (kein oder wenig Fleisch, Eier, Käse, Quark, hingegen pflanzliche Nahrung, süße Früchte, Kompott, Tendenz eher süß). Alte Leute mit Herz-Kreislauf-Insuffizienz und Verwirrungserscheinungen können oft mit einem Kaffee gut schlafen (Kaffee regt die Herztätigkeit an). Taschenofen über dem Scheitel.
Selbstgefertigtes Medi: Kaffee IK6 zum Einschlafen, Malve IK6, Muschelkalk mörsern und auf

IK6 potenzieren, Wurzelkissen unter den Kopf, Blumenkissen auf den Bauch.

SCHNUPFEN
Küche: Zitrone lutschen, verdünntes Zitronen- oder Salzwasser schnüffeln, Zwiebelwickel über Nebenhöhlen (Stirn und Wangen).
Bad: Thymianhandbad, Schachtelhalmfußbad, Rosmarinvollbad (Durchwärmung).
Tee: Lindenblütentee (Schwitzen, lindert), Frauenmantel.
Homö: Berb (Hauptmittel), Merc mit Sulf (Stockschnupfen), Verat (Fließschnupfen), Acon (Erkältung).
Tip: Nasen- und Nebenhöhlenmassage, Nierenlogen oder Bereich zwischen den Schulterblättern schröpfen (Staubsaugertrick). Wollsohlen, -socken, -strümpfe und -kappe (nicht abhärten, aufweichen!), Verstopfungen behandeln, eventuell Fasten, kein Zucker, Moxibution mit Kohlestab, Taschenofen.
Selbstgefertigtes Medi: Quittensalbe aus den Früchten.

SCHUPPENFLECHTE:
VGL. PSORIASIS

SCHWANGERSCHAFTSSTÖRUNGEN
Küche: Kohlwickel auf dem Unterbauch kann wohltuend wirken (bessert Stoffwechsel), Seide und Wolle tragen, Honig zum Süßen, bei Krämpfen Zitronenwickel auf den Bauch (lenkt den Astralleib auf die Oberfläche ab).
Bad: Schafgarbenfußbad, Schlehdornhandbad (Erschöpfung), Johanniskraut (Depression), Lärche (Aufheiterung, Durchlichtung), Lavendel (Schlaf).
Tee: Zitronenmelisse, später zur Blutbildung Brennessel, Wegwarte (Verdauungsstörung, Übelkeit), Minze (Gallenkoliken), Weißdorn (Herz- und Gebärmutterernährung), Lindenblüte (zur Durchwärmung und Linderung), Frauenmantel drei Wochen vor und nach der Geburt.
Tip: Sehr sanfte Organmassagen, keine intellektuelle Tätigkeit, alles, was Balsam für die Seele ist, beschauliches Sein, Blumenkissen auf den Bauch, Wärmeregulation mit Taschenofen (auch bei Krämpfen).

SCHWINDEL:
VGL. OHRSTÖRUNGEN

SEHNENSCHEIDENENTZÜNDUNG:
VGL. ENTZÜNDUNG
Selbstgefertigtes Medi: Johannisöl, Beinwellsalbe, Weidenrindensalbe.

Sonnenstich, Sonnenbrand (danach)
Homö: Apis (Hirnschwellung), Bell (Entzündung), später Arn (Durchblutung, Regeneration).
Tip: Kühle und Wasser (löschen).
Selbstgefertigtes Medi: Hypericum (Johanniskraut) IK6.

Spitze Blattern: vgl. Gürtelrose

Stirnhöhlenentzündung: vgl. Nebenhöhlen, Schnupfen
Tip: Frisch angeschnittenen Meerrettich auf die Stirn legen.

Sucht
Küche: Knoblauchkur (entgiftet, dynamisiert), Zitronentrunk bei Sonnenaufgang, Honig zum Schlafengehen und Beruhigen, Seide (Durchlichtung) und Wolle (Durchwärmung) tragen, Zwiebelwickel auf Nieren, Kohlwickel auf Leber (Entgiftung).
Bad: Johanniskrauthandbad (Ichstärkung), Schafgarbenfußbad (Leber), Schachtelhalmfußbad (Nieren), Thymianhandbad (Lungen), Schlehdorn (Erschöpfung), Lärche (Durchlichtung), Lavendel (Schlaf), Rosmarinvollbad (Durchwärmung).
Tee: Lindenblüten (lindern), Zitronenmelisse (Nieren, Nebennierenerschöpfung), Brennessel (Blutreinigung, Anregung des Willens), Löwenzahn (Lebenskräfte, Leber), Wegwarte (Milz, Darm und Drüsen reinigend), Mistel (Immunstimulation).
Homö: Arn (Durchblutung, Herz), Apis (Durchwärmung), Carb (Durchatmung), Magn (aufbauend, Leber stärkend, antidepressiv), Cham (zur Beruhigung), Sulf (zur Entgiftung).
Tip: Goldumschlag über das Herz, Kupferlappen über Nieren, tägliche Organmassagen, mit der Sonne aufstehen und auch bei Sonnenuntergang ins Bett gehen, Ölbäder zur Regenerierung des Wärmeorganismus. An die Stelle des jeweiligen Suchtmittels muß wieder das Ich treten. Bewährt hat sich auch der Taschenofen über dem Sonnengeflecht.
Selbstgefertigtes Medi: Suchtmittel potenzieren als Entgiftungskur von IK6 bis IK30, Wurzelkissen zum Schlafen.

Tick: vgl. Gewohnheiten

Ulkus: vgl. Krampfadern, Wunden, Entzündung, Darmstörungen
Küche: Kohlblatt auflegen bei Beinulkus, Reinigen mit verdünntem Salzwasser, Zitrone zur Desinfektion, Honigwickel (osmotische Wundreinigung).

Bad: Roßkastanienfußbad (Venen), Schlehdorn (Venen), Wiesengeißbart (arterielle Durchblutung), Johanniskraut, Schachtelhalm (Haut), Wegerich (Schleimhaut); abwechseln.
Tee: Brennessel (Blutreinigung), Löwenzahn (Leberstau), Wegwarte (Magen, Darm).
Homö: Arn (Wundheilung), Apis mit Bell (entzündliche Schwellung, Erysipel), Lach (Blutvergiftung, schlechte Heilhaut), Merc mit Sulf (Eiterung).
Tip: Sanfte Beinmassagen, Bauchmassage und Kreuzmassage bei Varikosis.
Selbstgefertigtes Medi: Johannisöl, zur äußerlichen wie zur innerlichen Anwendung, Roßkastanienkissen, Farnkissen.

Umlauf: vgl. Eiterung, Entzündung, Lymphe

Tee: Kamille.
Tip: Weidenrinden in Wasser einlegen zum Baden, Fasten, Moxibution.

Venenentzündung: vgl. Krampfadern

Verbrennung

Küche: Als erstes löschen, kühlen, dann Öl, Salzbad bei wäßriger Brandblase, Wundbehandlung auch mit Honig.
Bad: Johanniskraut (Hauptmittel, Bad oder Umschlag, auch Johannisöl), Wegerich, Sauerkleehandbad (bei Schock), Schachtelhalmfußbad (Nieren).
Tee: Weißdorn (Kreislauf), Lindenblüten (lindert).
Homö: Arn (Wundheilung), Carb (Zellatmung).
Selbstgefertigtes Medi: Johannisöl.

Vergiftung

Küche: Salzwasser trinken führt zum Erbrechen.
Bad: Schachtelhalmfußbad (Nieren), Schafgarbenfußbad (Leber), Wegerichhandbad, Wegerichumschlag lokal bei giftigen Stichen und Wunden.
Tee: Brennessel (Blutreinigung), Wegwarte (Darmreinigung), Löwenzahn (Leberentlastung).
Homö: Sulf (Hauptmittel zur Entgiftung), Lach (Blutvergiftung), Arn (Herzunterstützung).
Tip: Ein frisches Stückchen Holzkohle essen.
Selbstgefertigtes Medi: Gift potenzieren, eventuell Kur mit steigenden Potenzen.

Verstopfung

Küche: Kohlwickel auf Bauch, ein Löffelchen Lehm aufschwemmen und trinken, ein Schluck kaltgepreßtes Olivenöl morgens nüchtern.

Bad: Schafgarbenfußbad, Sauerkleehandbad.
Tee: Löwenzahn, Wegwarte, Brennessel abwechseln.
Homö: Sulf (Stoffwechselanregung), Merc (Stau), Berb (Galle), Magn (Verkrampfung).
Tip: Bauchmassage, Schröpfen entlang der Wirbelsäule beidseits auf Bauchhöhe, Kupferlappen auf Bauch (entspannt).
Selbstgefertigtes Medi: Farn und Weidenrinde zur Tinktur ansetzen und potenzieren, Kur mit steigenden Potenzen IK6 bis IK30, Apfelkernhaus mit Kernen potenzieren, Farnkissen auf Bauch.

Wechseljahrebeschwerden
Küche: Zitronenwaschungen, Salzbad, Kohlblatt auf Gebärmutter.
Bad: Schafgarbenfußbad (Stoffwechsel, Leber), Schachtelhalmfußbad (Urogenitalsystem), Rosmarinvollbad (Wärmetraining).
Tee: Frauenmantel, Brennessel (Blutreinigung als Mensersatz), Löwenzahn (Leber, Galle), Wegwarte (Magen, Milz, Darm), Weißdorn (Kreislauf), Lindenblüten (Schweißausbrüche vorwegnehmen durch Schwitzen).
Homö: Lach (Urogenitalsystem, Drüsen), Bell (Rötung), Arn (Kreislauf).
Tip: Organmassagen, täglich zum Vermeiden von Stau, Schröpfen entlang der Wirbelsäule (Stoffwechselentlastung, Immunstimulation), Goldumschlag auf das Herz (Depressionen), Fasten, Taschenofen zur Vorwegnahme von Schweißausbrüchen.
Selbstgefertigtes Medi: Safrantee, eventuell leicht potenzieren, IK1 bis IK3.

Wunden: vgl. Entzündung, Ulkus, Eiterungen
Küche: Zitrone (Desinfektion, antitetanisch), mit Salzwasser ausspülen, Honigwickel (beschleunigt Heilung).
Bad: Lokal mit Johanniskraut, Wegerich oder Schachtelhalm.
Tee: Weißdorn (Kreislaufbesserung), Brennessel (bei schlechter Heilhaut), Kamille.
Homö: Arn (Hauptmittel), zuerst sechsmal täglich, dann spärlicher.
Selbstgefertigtes Medi: Wundheilkraut potenzieren, Harz von einem verwundeten Baum in konzentriertem Alkohol lösen und damit die Wunde desinfizieren (eigenes Desinfektionsmittel).

Würmer
Küche: Knoblauchkur, rohe Zwiebel, Zitronenapéro, aufgeschwemmter Lehm.
Bad: Johanniskrautfußbad, Lavendelhandbad, Thymian, Sauerklee.

Tee: Wegwarte.
Homö: Merc mit Sulf, Lach, Cham.
Tip: Bauchmassage, Lendengegend schröpfen (Reflexzone zum Darm), Diätwechsel, Taschenofen über dem Nabel.
Selbstgefertigtes Medi: Wermut potenzieren, Farn potenzieren, Farnkissen.

Zahnprobleme

Küche: Zitrone lutschen (Eiterungen, Aphthen), Zwiebelwickel auf Wangen (Schwellungen, Eiterungen).
Bad: Roßkastanienfußbad, Wegerichhandbad, lokal Wiesengeißbartumschlag (entzündungshemmend).
Tee: Lindenblüten (lindert), Wegwarte (Darmreinigung), Brennessel (Blutreinigung), Minze (wenn konzentriert schmerzlindernd).
Homö: Cham (Zahnen, Kinder), Magn (Schmerz), Apis mit Bell zusammen (entzündliche Schwellung), Sulf (zur Reifung von Eiterherden) zusammen mit Merc (Ausleitung von Eiterungen, bei Stau).
Tip: Gewürznelken zwischen Wange und Zähne (lindern Schmerz und Entzündung), eventuell auf Pfefferschote beißen, Wangen kreisend massieren, bei Schmerz Nierengegend schröpfen (Staubsaugertrick), Taschenofen über der schmerzenden Wange.
Selbstgefertigtes Medi: Lehm fein mörsern zum Zähneputzen.

Zirkulationsstörungen: vgl. Durchblutungsstörungen, Krampfadern

Tip: Tägliche Massage von Armen und Beinen (chinesische Massage), Nacken- und Kreuzmassage entlang der Wirbelsäule, eventuell Schröpfen (Staubsaugertrick), Kupferlappen über die schlecht durchbluteten Körperteile oder Goldumschlag, Farnkissen, Roßkastanienkissen, Taschenofen als Handwärmer.

STICHWORTINDEX

(Siehe auch die Stichworte im Register, Seiten 260–285)

Behandlungsschema der Krankheiten

Heiltees, **H**ausmittel, **H**and- bzw. Fußbäder sowie **H**omöopathika sind die vier Elemente der sanften Heilpraxis. Mit einem Viereck können Sie Ihr Behandlungsschema einfach kennzeichnen. Schreiben Sie in die Mitte dieses Vierecks weitere Heilideen hinein und vergessen Sie nicht, Ihre selbstentdeckten geistigen Heiltips einzutragen.

Heiltees
Baldriantee 119
Brennesseltee 122
Frauen-/Silbermanteltee 126
Kamillentee 129
Lindenblütentee 132
Löwenzahntee 136
Minzentee 139
Misteltee 142
Schwarztee 146
Wegwartentee 149
Weißdorntee 152
Zitronenmelissentee 156

Hausmittel
Ei 33
Honig 36
Kartoffel 39
Knoblauch 43
Kochsalz 46
Kohl 50
Lehm 53
Quark 57
Seide 59
Wolle 61
Zitrone 65
Zwiebel 70

Hand-/Fussbäder
Johanniskraut 78
Lärche 81
Lavendel 83
Rosmarin 86
Roßkastanie 89
Sauerklee 93
Schachtelhalm 96
Schafgarbe 99
Schlehdorn 102
Thymian 105
Wegerich 108
Wiesengeißbart 111

Tips:
Massieren mit
Frischpflanzenölen
Moxibutionieren
Schröpfen

Homöopathikum
Aconitum D6 169
Apis D6 172
Arnika D6 174
Belladonna D6 176
Berberis D6 178
Carbo vegetabilis D6 181
Charmomilla D6 183
Lachesis D6 185
Magnesium D6 187
Mercurius D6 189
Sulfur D6 191
Veratrum D6 193

Graphisches Beispiel: sinnvolle Maßnahmen bei *Husten*

Erklärung der im Register verwendeten Abkürzungen

Acon	Aconitum napellus: Eisenhut, Sturmhut
Apis	Apis mellifica: Honigbiene
Arn	Arnica montana: Bergwohlverbleib, Fallkraut
Bell	Belladonna: Tollkirsche
Berb	Berberis vulgaris: Berberitze, Sauerdorn
Carb	Carbo vegetabilis: Birken-, Buchenkohle
Cham	Matricaria chamomilla: Kamille
Homö	Homöopathikum, Heilmittel der Homöopathie
Lach	Lachesis mutus: Schlangengift des Buschmeisters
Magn	Magnesium
Medi	Medikament, Heilmittel
Merc	Mercurius: Quecksilber
Sulf	Sulfur: Schwefel(blüte)
Verat	Veratrum album: Weißer Germer

Bezugsquelle

Folgende Heilmittel, Instrumentarien und Unterlagen sind zu beziehen bei Dr. Reinhard und Co., Postfach 404, CH-3770 Zweisimmen:

- die zwölf Homöopathika in Form einer praktischen Hausapotheke;
- die zwölf Heilpflanzenumschläge, die auch für die Fuß- und Handbäder konzipiert sind;
- die zwölf Heiltees;
- die dreizehn Frischpflanzenöle
- der Golduniversalumschlag;
- Schröpfglas mit Gummiball;
- Potenzierglas und Mörser zum Herstellen der Homöopathika (kleines oder vervollständigtes Laborset);
- Destillationsapparat;
- Taschenofen, 7 x 13 cm, zur Erwärmung aller Körperpartien (Dauermoxibution);
- Kohlestäbe zum Betrieb des Taschenofens und zur Moxibution (lokale Erwärmung mit Kohleglut);
- Kursinformationen.